梵華樓藏寶・佛像 下

| 四室瑜伽根本品佛像 |

四室樓上北壁設供案，須彌長座之上供瑜伽根本品九尊六品佛，正中普慧毗盧佛、右一金剛界佛、左一度生佛、右二成就佛、左二能勝三界佛、右三最上功德佛、左三密德文殊室利佛、右四法界妙音自在佛、左四九頂佛。

圖 410　法界妙音自在佛
Dharmadhātuvāgīśvara

通高 38 公分，底座寬 27 公分。

F4SF：1（故 199896 9/9）

此佛位置右四。為四面八臂。每面各三目，頭戴五葉冠，葫蘆形髮髻，寂靜相。袒露上身，肩披帛帶，下身著裙，佩飾耳璫、項鍊、臂釧、手鐲、腳鐲。左右元手胸前施說法印；左副手自上而下分別持梵篋、弓、金剛鈴，右副手自上而下分別持寶劍、箭（佚失）、金剛杵。全跏趺坐於圓邊三角形覆蓮底座上。

圖 411　最上功德佛
Paramādya-Vajrasattva

通高 38 公分，底座寬 27 公分。

F4SF：2（故 199896 8/9）

此佛位置右三。為一面二臂。頭戴五葉冠，葫蘆形髮髻，耳後有束髮繒帶，寂靜相。袒露上身，肩披帛帶，下身著裙，佩飾耳璫、項鍊、臂釧、手鐲、腳鐲。左手持金剛鈴，右手捧金剛立杵於胸前。全跏趺坐於圓邊三角形覆蓮底座上。

圖 410　法界妙音自在佛

圖 411　最上功德佛

圖 412　成就佛

Sarvārthasiddhi

通高 38 公分，底座寬 27 公分。

F4SF：3（故 199896 7/9）

此佛位置右二。為一面二臂。頭戴五葉冠，葫
蘆形髮髻，耳後有束髮繒帶，寂靜相。袒露上
身，肩披帛帶，下身著裙，佩飾耳璫、項鍊、
臂釧、手鐲、腳鐲。左手在腹前施禪定印；右
手在胸前施說法印，拇指、食指間夾金剛交杵。
全跏趺坐於圓邊三角形覆蓮底座上。

圖 413　金剛界佛

Vajradhātu

通高 38 公分，底座寬 27 公分。

F4SF：4（故 199896 6/9）

此佛位置右一。為四面八臂。每面各三目，頭
戴五葉冠，葫蘆形髮髻，寂靜相。袒露上身，
肩披帛帶，下身著裙，佩飾耳璫、項鍊、臂釧、
手鐲、腳鐲。左右元手於胸前結菩提印，掌心
相對，內夾金剛杵。左副手自上而下分別持法
輪、弓（佚失），右副手自上而下分別持念珠、
箭，最下層一對左右副手於腹前結禪定印。全
跏趺坐於圓邊三角形覆蓮底座上。

圖 412　成就佛

276

圖 413　金剛界佛

圖 414　普慧毗盧佛

Sarvavid-Vairocana

通高 38 公分，底座寬 27 公分。

F4SF：5（故 199896 5/9）

此佛位置正中。為四面二臂。頭戴五葉冠，葫
蘆形髮髻，寂靜相。袒露上身，肩披帛帶，下
身著裙，佩飾耳璫、項鍊、臂釧、手鐲、腳鐲。
雙手結禪定印，掌心上托法輪。全跏趺坐於圓
邊三角形覆蓮底座上。

圖 414-1　普慧毗盧佛

▶ 圖 414-2　普慧毗盧佛

圖 415　度生佛

Jagadvinaya

通高 38 公分，底座寬 27 公分。

F4SF：7（故 199896 3/9）

此佛位置左一。為一面二臂。頭戴五葉冠，葫
蘆形髮髻，耳後有束髮繒帶，寂靜相。袒露上
身，肩披帛帶，下身著裙，佩飾耳璫、項鍊、
臂釧、手鐲、腳鐲。左手施禪定印，右手施與
願印。全跏趺坐於圓邊三角形覆蓮底座上。

圖 416　能勝三界佛

Trailokyavijaya

通高 38 公分，底座寬 27 公分。

F4SF：6（故 199896 4/9）

此佛位置左二。為一面三目二臂。頭戴骷髏冠，
赤髮高聳，耳後有束髮繒帶，忿怒相。赤裸全
身，肩披帛帶，腰束虎皮裙，佩飾耳璫、項鍊、
臂釧、手鐲、腳鐲。左手持金剛鈴，右手持金
剛杵，雙手胸前相交。展左立，雙足下各踩一
人，皆俯臥，手持法器。橢圓形覆蓮底座。

圖 415　度生佛

圖 416 能勝三界佛

圖 417　密德文殊室利佛

Guhya-Mañjuśrī

通高 38 公分，底座寬 27 公分。

F4SF：8（故 199896 2/9）

此佛位置左三。為六面二臂。六面分兩層：上層一面，在髮髻頂端；下層五面，每面均戴五葉冠，葫蘆形髮髻，寂靜相。袒露上身，肩披帛帶，下身著裙，佩飾耳璫、項鍊、臂釧、手鐲、腳鐲。雙手於胸前施說法印，並各執蓮花莖，蓮花置於雙肩，花心上各托一梵篋。全跏趺坐於圓邊三角形覆蓮底座上。

圖 418　九頂佛

Navoṣṇīṣa

通高 38 公分，底座寬 27 公分。

F4SF：9（故 199896 1/9）

此佛位置左四。為一面二臂。頭戴五葉冠，葫蘆形髮髻，耳後有束髮繒帶，寂靜相。袒露上身，肩披帛帶，下身著裙，佩飾耳璫、項鍊、臂釧、手鐲、腳鐲。雙手於胸前施說法印。全跏趺坐於圓邊三角形覆蓮底座上。

圖 419　四寶西壁佛格

圖 417　密德文殊室利佛

圖 418　九頂佛

圖 419　四室西壁佛格

285

四室西壁佛格佛像

圖 420　願波羅蜜母
Praṇidhāna-Pāramitā

<u>通高 13.5 公分，底座寬 11 公分。</u>

<u>F4Sf：1（故 199891 1/122）</u>

佛母為一面二臂。頭戴五葉冠，高髮髻，耳後
有束髮繒帶，寂靜相。袒露上身，肩披帛帶，
下身著裙，佩飾耳璫、項鍊、臂釧、手鐲、腳鐲。
左手持寶劍，右手托摩尼寶。半跏趺坐於圓邊
三角形覆蓮底座上，底座正面下沿刻「願波羅
蜜母」名稱。供於西壁第一層第一龕。

圖 421　方便波羅蜜母
Upāyakauśalya-Pāramitā

<u>通高 13.5 公分，底座寬 11 公分。</u>

<u>F4Sf：2（故 199891 2/122）</u>

佛母為一面二臂。頭戴五葉冠，高髮髻，耳後
有束髮繒帶，寂靜相。袒露上身，肩披帛帶，
下身著裙，佩飾耳璫、項鍊、臂釧、手鐲、腳
鐲。左手握金剛杵，右手持須彌山。半跏趺坐
於圓邊三角形覆蓮底座上，底座正面下沿刻「方
便波羅蜜母」名稱。供於西壁第一層第二龕。

圖 81　願波羅蜜母

圖 82　方便波羅蜜母

圖 422　禪定波羅蜜母

Dhyāna-Pāramitā

通高 13.5 公分，底座寬 11 公分。

F4Sf：3（故 199891 3/122）

佛母為一面二臂。頭戴五葉冠，高髮髻，耳後
有束髮繒帶，寂靜相。袒露上身，肩披帛帶，
下身著裙，佩飾耳璫、項鍊、臂釧、手鐲、腳鐲。
左手執蓮花莖，蓮花置於左肩；右手持摩尼寶。
半跏趺坐於圓邊三角形覆蓮底座上，底座正面
下沿刻「禪定波羅蜜母」名稱。供於西壁第一
層第三龕。

圖 423　精進波羅蜜母

Vīrya-Pāramitā

通高 13.5 公分，底座寬 11 公分。

F4Sf：4（故 199891 4/122）

佛母為一面二臂。頭戴五葉冠，高髮髻，耳後
有束髮繒帶，寂靜相。袒露上身，肩披帛帶，
下身著裙，佩飾耳璫、項鍊、臂釧、手鐲、腳鐲。
左手執蓮花莖，蓮花置於左肩；右手持摩尼寶。
半跏趺坐於圓邊三角形覆蓮底座上，底座正面
下沿刻「精進波羅蜜母」名稱。供於西壁第一
層第四龕。

圖 422　禪定波羅蜜母

圖 423　精進波羅蜜母

圖 424　金剛威光菩薩

Vajrateja

通高 14 公分，底座寬 11 公分。

F4Sf：5（故 199891 5/122）

菩薩為一面二臂。頭戴五葉冠，葫蘆形髮髻，
耳後有束髮繒帶，寂靜相。袒露上身，肩披帛
帶，下身著裙，佩飾耳璫、項鍊、臂釧、手鐲、
腳鐲。雙手捧帶流蘇方巾，方巾上置一圓鏡。
全跏趺坐於圓邊三角形覆蓮底座上，底座正面
下沿刻「金剛威光菩薩」名稱。供於西壁第一
層第五龕。

圖 425　金剛寶菩薩

Vajraratna

通高 14 公分，底座寬 11 公分。

F4Sf：6（故 199891 6/122）

菩薩為一面二臂。頭戴五葉冠，葫蘆形髮髻，
耳後有束髮繒帶，寂靜相。袒露上身，肩披帛
帶，下身著裙，佩飾耳璫、項鍊、臂釧、手鐲、
腳鐲。左手持金剛鈴，右手舉發光寶珠。全跏
趺坐於圓邊三角形覆蓮底座上，底座正面下沿
刻「金剛寶菩薩」名稱。供於西壁第一層第六
龕。

圖 424　金剛威光菩薩

圖 425　金剛寶菩薩

圖 426 寶生佛

圖 427 金剛賢菩薩

圖 426 寶生佛

Ratnasaṃbhava

通高 14 公分，底座寬 11 公分。

F4Sf：8（故 199891 8/122）

菩薩為一面二臂。頭戴五葉冠，葫蘆形髮髻，
耳後有束髮繒帶，寂靜相。袒露上身，肩披帛
帶，下身著裙，佩飾耳璫、項鍊、臂釧、手鐲、
腳鐲。雙手手持物均佚失。全跏趺坐於圓邊三
角形覆蓮底座上，底座正面下沿刻「金剛賢菩
薩」名稱。供於西壁第一層第八龕。

圖 427 金剛賢菩薩

Vajrasādhu

通高 14 公分，底座寬 11 公分。

F4Sf：8（故 199891 8/122）

菩薩為一面二臂。頭戴五葉冠，葫蘆形髮髻，
耳後有束髮繒帶，寂靜相。袒露上身，肩披帛
帶，下身著裙，佩飾耳璫、項鍊、臂釧、手鐲、
腳鐲。雙手手持物均佚失。全跏趺坐於圓邊三
角形覆蓮底座上，底座正面下沿刻「金剛賢菩
薩」名稱。供於西壁第一層第八龕。

圖 428　金剛欲菩薩　　　　　　　　　　　　圖 429　金剛王菩薩

圖 428　金剛欲菩薩
Vajrarāga

通高 14 公分，底座寬 11 公分。

F4Sf：9（故 199891 9/122）

菩薩為一面二臂。頭戴五葉冠，葫蘆形髮髻，
耳後有束髮繒帶，寂靜相。袒露上身，肩披帛
帶，下身著裙，佩飾耳璫、項鍊、臂釧、手鐲、
腳鐲。左手持弓，右手持箭。全跏趺坐於圓邊
三角形覆蓮底座上，底座正面下沿刻「金剛欲
菩薩」名稱。供於西壁第一層第九龕。

圖 429　金剛王菩薩
Vajrarāja

通高 14 公分，底座寬 11 公分。

F4Sf：10（故 199891 10/122）

菩薩為一面二臂。頭戴五葉冠，葫蘆形髮髻，
耳後有束髮繒帶，寂靜相。袒露上身，肩披帛
帶，下身著裙，佩飾耳璫、項鍊、臂釧、手鐲、
腳鐲。雙手持金剛鉤。全跏趺坐於圓邊三角形
覆蓮底座上，底座正面下沿刻「金剛王菩薩」
名稱。供於西壁第一層第十龕。

圖 430 金剛勇識菩薩

Vajrasattva

通高 14 公分，底座寬 11 公分。

F4Sf：11（故 199891 11/122）

菩薩為一面二臂。頭戴五葉冠，葫蘆形髮髻，
耳後有束髮繒帶，寂靜相。袒露上身，肩披帛
帶，胸前斜披絡腋，下身著裙，佩飾耳璫、項
鍊、臂釧、手鐲、腳鐲。左手持金剛鈴，右手
持金剛杵。半跏趺坐於圓邊三角形覆蓮底座上，
底座正面下沿刻「金剛勇識菩薩」名稱。供於
西壁第一層第十一龕。

圖 431 不動佛

Akṣobhya

通高 14 公分，底座寬 11 公分。

F4Sf：12（故 199891 12/122）

佛為一面二臂。頭戴五葉冠，葫蘆形髮髻，耳
後有束髮繒帶，寂靜相。袒露上身，肩披帛帶，
下身著裙，佩飾耳璫、項鍊、臂釧、手鐲、腳
鐲。左手施禪定印，右手持金剛杵。全跏趺坐
於圓邊三角形覆蓮底座上，底座正面下沿刻「不
動佛」名稱。供於西壁第一層第十二龕。

圖 432 金剛業佛母

Karmavajrī

通高 14 公分，底座寬 11 公分。

F4Sf：13（故 199891 13/122）

佛母為一面二臂。頭戴五葉冠，葫蘆形髮髻，
耳後有束髮繒帶，寂靜相。袒露上身，肩披帛
帶，下身著裙，佩飾耳璫、項鍊、臂釧、手鐲、
腳鐲。左手施期克印，右手手持物佚失。全跏
趺坐於圓邊三角形覆蓮底座上，底座正面下沿
刻「金剛業佛母」名稱。供於西壁第一層第
十三龕。

圖 430 金剛勇識菩薩

圖 431 不動佛

圖 432　金剛業佛母

圖 433　忍辱波羅蜜母
Kṣānti-Paramitā

通高 16.5 公分，底座寬 13.5 公分。

F4Sf：14（故 199891 14/122）

佛母為一面二臂。頭戴五葉冠，高髮髻，耳後
有束髮繒帶，寂靜相。袒露上身，肩披帛帶，
下身著裙，佩飾耳璫、項鍊、臂釧、手鐲、腳鐲。
左手托蓮花，右手持摩尼寶。半跏趺坐於圓邊
三角形覆蓮底座上，底座正面下沿刻「忍辱波
羅蜜母」名稱。供於西壁第二層第一龕。

圖 434　持威波羅蜜母
Śīla-Pāramitā

通高 16.5 公分，底座寬 13.5 公分。

F4Sf：15（故 199891 15/122）

佛母為一面二臂。頭戴五葉冠，高髮髻，耳後
有束髮繒帶，寂靜相。袒露上身，肩披帛帶，
下身著裙，佩飾耳璫、項鍊、臂釧、手鐲、腳鐲。
左手持小樹，右手持摩尼寶。半跏趺坐於圓邊
三角形覆蓮底座上，底座正面下沿刻「持威波
羅蜜母」名稱。供於西壁第二層第二龕。

圖 435　惠施波羅蜜母
Dāna-Pāramitā

通高 16.5 公分，底座寬 13.5 公分。

F4Sf：16（故 199891 16/122）

佛母為一面二臂。頭戴五葉冠，高髮髻，耳後
有束髮繒帶，寂靜相。袒露上身，肩披帛帶，
下身著裙，佩飾耳璫、項鍊、臂釧、手鐲、腳鐲。
左手持帶葉蒲棒，右手持摩尼寶。半跏趺坐於
圓邊三角形覆蓮底座上，底座正面下沿刻「惠
施波羅蜜母」名稱。供於西壁第二層第三龕。

圖 433　忍辱波羅蜜母

圖 424　持威波羅蜜母

圖 435　惠施波羅蜜母

圖 436　智慧波羅蜜母

Prajñā-Pāramitā

通高 16.5 公分，底座寬 13.5 公分。

F4Sf：17（故 199891 17/122）

佛母為一面二臂。頭戴五葉冠，高髮髻，耳後
有束髮繒帶，寂靜相。袒露上身，肩披帛帶，
下身著裙，佩飾耳璫、項鍊、臂釧、手鐲、腳鐲。
左手持梵篋，右手持摩尼寶。半跏趺坐於圓邊
三角形覆蓮底座上，底座正面下沿刻「智慧波
羅蜜母」名稱。供於西壁第二層第四龕。

圖 437　金剛法佛母

Dharmavajrī

通高 16.5 公分，底座寬 13.5 公分。

F4Sf：18（故 199891 18/122）

佛母為一面二臂。頭戴五葉冠，葫蘆形髮髻，
耳後有束髮繒帶，寂靜相。袒露上身，肩披帛
帶，下身著裙，佩飾耳璫、項鍊、臂釧、手鐲、
腳鐲。左、右手各持一蓮花。半跏趺坐於圓邊
三角形覆蓮底座上，底座正面下沿刻「金剛法
佛母」名稱。供於西壁第二層第五龕。

圖 436　智慧波羅蜜母

圖 437　金剛法佛母

296

圖 438　金剛寶佛母

Ratnavajrī

通高 16.5 公分，底座寬 13.5 公分。

F4Sf：19（故 199891 19/122）

佛母為一面二臂。頭戴五葉冠，葫蘆形髮髻，
耳後有束髮繒帶，寂靜相。袒露上身，肩披帛
帶，下身著裙，佩飾耳璫、項鍊、臂釧、手鐲、
腳鐲。左手施期克印，右手托摩尼寶。半跏趺
坐於圓邊三角形覆蓮底座上，底座正面下沿刻
「金剛寶佛母」名稱。供於西壁第二層第六龕。

圖 439　金剛勇識佛母

Sattvavajrī

通高 16.5 公分，底座寬 13.5 公分。

F4Sf：20（故 199891 20/122）

佛母為一面二臂。頭戴五葉冠，葫蘆形髮髻，
耳後有束髮繒帶，寂靜相。袒露上身，肩披帛
帶，下身著裙，佩飾耳璫、項鍊、臂釧、手鐲、
腳鐲。左手施期克印，右手托金剛立杵。半跏
趺坐於圓邊三角形覆蓮底座上，底座正面下沿
刻「金剛勇識佛母」名稱。供於西壁第二層第
七龕。

圖 438　金剛寶佛母

圖 439　金剛勇識佛母

圖 440　金剛界毗盧佛

Vajradhātu-Vairocana

通高 16.5 公分，底座寬 13.5 公分。

F4Sf：21（故 199891 21/122）

佛為一面八臂。頭戴五葉冠，葫蘆形髮髻，耳後有束髮繒帶，寂靜相。袒露上身，肩披帛帶，下身著裙，佩飾耳璫、項鍊、臂釧、手鐲、腳鐲。左右元手於胸前結菩提印。左副手自上而下分別持法輪、弓，右副手自上而下分別持念珠、箭，最下層一對左右副手於腹前結禪定印。全跏趺坐於圓邊三角形覆蓮底座上，底座正面下沿刻「金剛界毗盧佛」名稱。供於西壁第二層第八龕。

圖 441　成就佛

Amoghasiddhi

通高 19.5 公分，底座寬 13.5 公分。

F4Sf：22（故 199891 22/122）

佛為一面二臂。頭戴五葉冠，葫蘆形髮髻，耳後有束髮繒帶，寂靜相。袒露上身，肩披帛帶，下身著裙，佩飾耳璫、項鍊、臂釧、手鐲、腳鐲。左手於腹前施禪定印，右手持金剛交杵於胸前。全跏趺坐於圓邊三角形覆蓮底座上，底座正面下沿刻「成就佛」名稱。供於西壁第二層第九龕。

圖 442　無量光佛

Amitābha

通高 17 公分，底座寬 13.5 公分。

F4Sf：23（故 199891 23/122）

佛為一面二臂。頭戴五葉冠，葫蘆形髮髻，耳後有束髮繒帶，寂靜相。袒露上身，肩披帛帶，下身著裙，佩飾耳璫、項鍊、臂釧、手鐲、腳鐲。雙手於腹前施禪定印。全跏趺坐於圓邊三角形覆蓮底座上，底座正面下沿刻「無量光佛」名稱。供於西壁第二層第十龕

圖 443　寶生佛

Ratnasaṃbhava

通高 17 公分，底座寬 13.5 公分。

F4Sf：24（故 199891 24/122）

佛為一面二臂。頭戴五葉冠，葫蘆形髮髻，耳後有束髮繒帶，寂靜相。袒露上身，肩披帛帶，下身著裙，佩飾耳璫、項鍊、臂釧、手鐲、腳鐲。左手施禪定印，右手施與願印。全跏趺坐於圓邊三角形蓮底座上，底座正面下沿刻「寶生佛」名稱。供於西壁第二層第十一龕。

圖 444　不動佛

Akṣobhya

通高 17 公分，底座寬 13.5 公分。

F4Sf：25（故 199891 25/122）

佛為一面二臂。頭戴五葉冠，葫蘆形髮髻，耳後有束髮繒帶，寂靜相。袒露上身，肩披帛帶，下身著裙，佩飾耳璫、項鍊、臂釧、手鐲、腳鐲。左手施禪定印，右手施觸地印。全跏趺坐於圓邊三角形覆蓮底座上，底座正面下沿刻「不動佛」名稱。供於西壁第二層第十二龕。

圖 440　金剛界毗盧佛

圖 441 成就佛

圖 443 寶生佛

圖 442 無量光佛

圖 444 不動佛

圖 445　發光佛母
Prabhākarī

通高 20 公分，底座寬 16 公分。

F4Sf：26（故 199891 26/122）

佛母為一面二臂。頭戴五葉冠，高髮髻，耳後有束髮繒帶，寂靜相。袒露上身，肩披帛帶，下身著裙，佩飾耳璫、項鍊、臂釧、手鐲、腳鐲。左手托桃，右手持金剛杵。半跏趺坐於圓邊三角形覆蓮底座上，底座正面下沿刻「發光佛母」名稱。供於西壁第三層第一龕。

圖 446　無垢佛母
Vimalā

通高 20 公分，底座寬 16 公分。

F4Sf：27（故 199891 27/122）

佛母為一面二臂。頭戴五葉冠，高髮髻，耳後有束髮繒帶，寂靜相。袒露上身，肩披帛帶，下身著裙，佩飾耳璫、項鍊、臂釧、手鐲、腳鐲。左手托圓鏡，右手持金剛杵。半跏趺坐於圓邊三角形覆蓮底座上，底座止面下沿刻「無垢佛母」名稱。供於西壁第三層第二龕。

圖 447　歡喜佛母
Pramuditā

通高 20 公分，底座寬 16 公分。

F4Sf：28（故 199891 28/122）

佛母為一面二臂。頭戴五葉冠，高髮髻，耳後有束髮繒帶，寂靜相。袒露上身，肩披帛帶，下身著裙，佩飾耳璫、項鍊、臂釧、手鐲、腳鐲。左手托火焰寶珠，右手持金剛杵。半跏趺坐於圓邊三角形覆蓮底座上，底座正面下沿刻「歡喜佛母」名稱。供於西壁第三層第三龕。

圖 448　發心行地佛母
Adhimukticaryā-Bhūmi

通高 20 公分，底座寬 16 公分。

F4Sf：29（故 199891 29/122）

佛母為一面二臂。頭戴五葉冠，高髮髻，耳後有束髮繒帶，寂靜相。袒露上身，肩披帛帶，下身著裙，佩飾耳璫、項鍊、臂釧、手鐲、腳鐲。左手執蓮花莖，蓮花置於左肩；右手持金剛杵。半跏趺坐於圓邊三角形覆蓮底座上，底座正面下沿刻「發心行地佛母」名稱。供於西壁第三層第四龕。

圖 449　度生佛
Jagadvinaya

通高 20 公分，底座寬 16 公分。

F4Sf：30（故 199891 30/122）

佛為一面二臂。頭戴五葉冠，葫蘆形髮髻，耳後有束髮繒帶，寂靜相。袒露上身，肩披帛帶，下身著裙，佩飾耳璫、項鍊、臂釧、手鐲、腳鐲。左手施禪定印，右手施與願印。全跏趺坐於單層覆蓮底座上，蓮座下為一臥獅，臥獅扭頭張口，獅尾上卷。臥獅下為圓邊三角形覆蓮底座，底座正面下沿刻「度生佛」名稱。供於西壁第三層第五龕。

圖 445　發光佛母

圖 446 怒師佛母

圖 448 發心行地佛母

圖 447 歡喜佛母

圖 449 度生佛

圖 450　法界妙音自在佛

Dharmadhātuvāgīśvara

通高 20 公分，底座寬 16 公分。

F4Sf：31（故 199891 31/122）

佛為四面八臂。頭戴五葉冠，葫蘆形髮髻，寂
靜相。袒露上身，肩披帛帶，下身著裙，佩飾
耳璫、項鍊、臂釧、手鐲、腳鐲。左右元手於
胸前施說法印；左副手自上而下分別持梵篋、
弓、金剛鈴，右副手自上而下分別持寶劍、箭、
金剛杵。全跏趺坐於圓邊三角形覆蓮底座上，
底座正面下沿刻「法界妙音自在佛」名稱。供
於西壁第三層第六龕。

圖 451　秘蜜〔密〕文殊室利佛

Guhya-Mañjuśrī

通高 20 公分，底座寬 16 公分。

F4Sf：32（故 199891 32/122）

佛為四面二臂。頭戴五葉冠，葫蘆形髮髻，寂
靜相。袒露上身，肩披帛帶，胸前斜披絡腋，
下身著裙，佩飾耳璫、項鍊、臂釧、手鐲、腳鐲。
雙手於胸前施說法印，並各執蓮花莖，蓮花置
於雙肩，花心上各托一梵篋。全跏趺坐於圓邊
三角形覆蓮底座上，底座正面下沿刻「秘蜜文
殊室利佛」名稱。供於西壁第三層第七龕。

圖 450　法界妙音自在佛

圖 451　秘蜜〔密〕文殊室利佛

圖 452　金剛法佛

Vajradharma

通高 20 公分，底座寬 16 公分。

F4Sf：33（故 199891 33/122）

佛為四面六臂，頭戴五葉冠，葫蘆形髮髻，寂
靜相。袒露上身，肩披帛帶，下身著裙，佩飾
耳璫、項鍊、臂釧、手鐲、腳鐲。左元手手持
物佚失，並擁抱明妃，右元手施與願印；左副
手自上而下分別持蓮花、弓，右副手自上而下
分別持念珠、箭。半跏趺坐。明妃一面二臂，
頭戴五葉冠，寂靜相。雙手高舉，擁抱主尊，
立於主尊左側。圓邊三角形覆蓮底座，底座正
面下沿刻「金剛法佛」名稱。供於西壁第三層
第八龕。

圖 453　宏光毗盧佛

Vairocana

通高 20 公分，底座寬 16 公分。

F4Sf：34（故 199891 34/122）

佛為一面二臂。頭戴五葉冠，葫蘆形髮髻，耳
後有束髮繒帶，寂靜相。袒露上身，肩披帛帶，
前胸斜披絡腋，下身著裙，佩飾耳璫、項鍊、
臂釧、手鐲、腳鐲。雙手於胸前施菩提印。全
跏趺坐於圓邊三角形覆蓮底座上，底座正面下
沿刻「宏光毗盧佛」名稱。供於西壁第三層第
九龕。

圖 452　金剛法佛

圖 453　宏光毗盧佛

圖 454　白手持金剛　　　　　　　　　　　　　圖 455　普慧毗盧佛

圖 454　白手持金剛
Sita-Vajrapāṇi

通高 20 公分，底座寬 16 公分。

F4Sf：35（故 199891 35/122）

金剛為一面三目兩臂。頭戴骷髏冠，赤髮高聳，
耳後有束髮繒帶，忿怒相。赤裸全身，肩披帛
帶，腰束虎皮裙，佩飾耳璫、項鍊、臂釧、手鐲、
腳鐲，其中項鍊由蛇纏繞而成。左手施期克印，
右手舉金剛杵。展左立，雙足下各踩一人，人
皆俯臥。橢圓形覆蓮底座，底座正面下沿刻「白
手持金剛」名稱。供於西壁第三層第十龕。

圖 455　普慧毗盧佛
Sarvavid-Vairocana

通高 20 公分，底座寬 16 公分。

F4Sf：36（故 199891 36/122）

佛為四面二臂。頭戴五葉冠，葫蘆形髮髻，寂
靜相。祖露上身，肩披帛帶，前胸斜披絡腋，
下身著裙，佩飾耳璫、項鍊、臂釧、手鐲、腳鐲。
雙手於腹前施禪定印，掌心上托法輪。全跏趺
坐於圓邊三角形覆蓮底座上，底座正面下沿刻
「普慧毗盧佛」名稱。供於西壁第三層第十一
龕。

圖 456　遠行佛母　　　　　　　　　　　　圖 457　現前佛母

圖 456　遠行佛母

Dūraṃgamā

通高 16.5 公分，底座寬 13.5 公分。

F4Sf：37（故 199891 37/122）

佛母為一面二臂。頭戴五葉冠，高髮髻，耳後
有束髮繒帶，寂靜相。袒露上身，肩披帛帶，
下身著裙，佩飾耳璫、項鍊、臂釧、手鐲、腳鐲。
左手持蓮花，右手持金剛杵。半跏趺坐於圓邊
三角形覆蓮底座上，底座正面下沿刻「遠行佛
母」名稱。供於西壁第四層第一龕。

圖 457　現前佛母

Abhimukhī

通高 16.5 公分，底座寬 13.5 公分。

F4Sf：38（故 199891 38/122）

佛母為一面二臂。頭戴五葉冠，高髮髻，耳後
有束髮繒帶，寂靜相。袒露上身，肩披帛帶，
下身著裙，佩飾耳璫、項鍊、臂釧、手鐲、腳鐲。
左手托梵篋，右手持金剛杵。半跏趺坐於圓邊
三角形覆蓮底座上，底座正面下沿刻「現前佛
母」名稱。供於西壁第四層第二龕。

圖 458　難勝佛母

Sudurjayā

通高 16.5 公分，底座寬 13.5 公分。

F4Sf：39（故 199891 39/122）

佛母為一面二臂。頭戴五葉冠，高髮髻，耳後
有束髮繒帶，寂靜相。袒露上身，肩披帛帶，
下身著裙，佩飾耳璫、項鍊、臂釧、手鐲、腳鐲。
左手持海螺，右手持金剛杵。半跏趺坐於圓邊
三角形覆蓮底座上，底座正面下沿刻「難勝佛
母」名稱。供於西壁第四層第三龕。

圖 459　光輝佛

Arciṣmati

通高 16.5 公分，底座寬 13.5 公分。

F4Sf：40（故 199891 40/122）

佛為一面二臂。頭戴五葉冠，高髮髻，耳後有
束髮繒帶，寂靜相。袒露上身，肩披帛帶，下
身著裙，佩飾耳璫、項鍊、臂釧、手鐲、腳鐲。
左手執蓮花莖，蓮花置於左肩；右手持金剛杵。
半跏趺坐於圓邊三角形覆蓮底座上，底座正面
下沿刻「光輝佛」名稱。供於西壁第四層第四
龕。

圖 460　幢頂佛

Dhvajoṣnīṣa

通高 17 公分，底座寬 13.5 公分。

F4Sf：41（故 199891 41/122）

佛為一面二臂。頭戴五葉冠，葫蘆形髮髻，耳
後有束髮繒帶，寂靜相。袒露上身，肩披帛帶，
下身著裙，佩飾耳璫、項鍊、臂釧、手鐲、腳鐲。
雙手持幢。半跏趺坐於圓邊三角形覆蓮底座上，
底座正面下沿刻「幢頂佛」名稱。供於西壁第
四層第五龕。

圖 458　難勝佛母

圖 459　光輝佛

圖460　幢頂佛

圖 461　威光項〔頂〕佛

圖 462　諸品頂佛

圖 461　威光項〔頂〕佛

Tejorāśyuṣṇīṣa

通高 17 公分，底座寬 13.5 公分。

F4Sf：42（故 199891 42/122）

佛為一面二臂。頭戴五葉冠，葫蘆形髮髻，耳
後有束髮繒帶，寂靜相。袒露上身，肩披帛帶，
下身著裙，佩飾耳璫、項鍊、臂釧、手鐲、腳
鐲。左掌心向下平伸，右手托日輪。全跏趺坐
於圓邊三角形覆蓮底座上，底座正面下沿刻「威
光項佛」名稱。供於西壁第四層第六龕。

圖 462　諸品頂佛

Viśvoṣṇīṣa

通高 16.5 公分，底座寬 13.5 公分。

F4Sf：43（故 199891 43/122）

佛為一面二臂。頭戴五葉冠，葫蘆形髮髻，耳
後有束髮繒帶，寂靜相。袒露上身，肩披帛帶，
胸前斜披絡腋，下身著裙，佩飾耳璫、項鍊、
臂釧、手鐲、腳鐲。左手施禪定印，右手施無
畏印。全跏趺坐於圓邊三角形覆蓮底座上，底
座正面下沿刻「諸品頂佛」名稱。供於西壁第
四層第七龕。

圖 463　蓮華頂佛

圖 464　寶頂佛

圖 463　蓮華頂佛

Padmoṣṇīṣa

通高 16.5 公分，底座寬 13.5 公分。

F4Sf：44（故 199891 44/122）

佛為一面二臂。頭戴五葉冠，葫蘆形髮髻，耳
後有束髮繒帶，寂靜相。袒露上身，肩披帛帶，
下身著裙，佩飾耳璫、項鍊、臂釧、手鐲、腳
鐲。雙手施禪定印。全跏趺坐於圓邊三角形覆
蓮底座上，底座正面下沿刻「蓮花頂佛」名稱。
供於西壁第四層第八龕。

圖 464　寶頂佛

Ratnoṣṇīṣa

通高 16.5 公分，底座寬 13.5 公分。

F4Sf：45（故 199891 45/122）

佛為一面二臂。頭戴五葉冠，葫蘆形髮髻，耳
後有束髮繒帶，寂靜相。袒露上身，肩披帛帶，
胸前斜披絡腋，下身著裙，佩飾耳璫、項鍊、
臂釧、手鐲、腳鐲。左手施禪定印，右手施與
願印。全跏趺坐於圓邊三角形覆蓮底座上，底
座正面下沿刻「寶頂佛」名稱。供於西壁第四
層第九龕。

圖 465　金剛頂佛

Vajroṣṇīṣa

通高 16.5 公分，底座寬 13.5 公分。

F4Sf：46（故 199891 46/122）

佛為一面二臂。頭戴五葉冠，葫蘆形髮髻，耳後有束髮繒帶，寂靜相。袒露上身，肩披帛帶，胸前斜披絡腋，下身著裙，佩飾耳璫、項鍊、臂釧、手鐲、腳鐲。左手施禪定印，右手施觸地印。全跏趺坐於圓邊三角形覆蓮底座上，底座正面下沿刻「金剛頂佛」名稱。供於西壁第四層第十龕。

圖 466　釋迦獅子佛

Śākyasiṃha

通高 16 公分，底座寬 13.5 公分。

F4Sf：47（故 199891 47/122）

佛為一面二臂。頭戴五葉冠，葫蘆形髮髻，耳後有束髮繒帶，寂靜相。袒露上身，肩披帛帶，下身著裙，佩飾耳璫、項鍊、臂釧、手鐲、腳鐲。雙手於胸前施說法印。全跏趺坐於圓邊三角形覆蓮底座上，底座正面下沿刻「釋迦獅子佛」名稱。供於西壁第四層第十一龕。

圖 467　成就佛

Amoghasiddhi

通高 17 公分，底座寬 13.5 公分。

F4Sf：48（故 199891 48/122）

佛佛為一面二臂。頭戴五葉冠，葫蘆形髮髻，耳後有束髮繒帶，寂靜相。袒露上身，肩披帛帶，下身著裙，佩飾耳璫、項鍊、臂釧、手鐲、腳鐲。左手施禪定印，右手施無畏印。全跏趺坐於圓邊三角形覆蓮底座上，底座正面下沿刻「成就佛」名稱。供於西壁第四層第十二龕。

圖 468　普光佛母

Samantaprabhā

通高 13 公分，底座寬 11 公分。

F4Sf：49（故 199891 49/122）

佛母為一面二臂。頭戴五葉冠，高髮髻，耳後有束髮繒帶，寂靜相。袒露上身，肩披帛帶，下身著裙，佩飾耳璫、項鍊、臂釧、手鐲、腳鐲。左手托一坐佛，右手持金剛杵。半跏趺坐於圓邊三角形覆蓮底座上，底座正面下沿刻「普光佛母」名稱。供於西壁第五層第一龕。

圖 469　法雲佛母

Dharmameghā

通高 13 公分，底座寬 11 公分。

F4Sf：50（故 199891 50/122）

佛母為一面二臂。頭戴五葉冠，高髮髻，耳後有束髮繒帶，寂靜相。袒露上身，肩披帛帶，下身著裙，佩飾耳璫、項鍊、臂釧、手鐲、腳鐲。左手上舉，手持物佚失；右手持金剛杵。半跏趺坐於圓邊三角形覆蓮底座上，底座正面下沿刻「法雲佛母」名稱。供於西壁第五層第二龕。

圖 465　金剛頂佛

圖 466　釋迦獅子佛

圖 468　普光佛母

圖 467　成就佛

圖 469　法雲佛母

圖 470　善慧佛母

Sādhumatī

通高 13 公分，底座寬 11 公分。

F4Sf：51（故 199891 51/122）

佛母為一面二臂。頭戴五葉冠，高髮髻，耳後
有束髮繒帶，寂靜相。袒露上身，肩披帛帶，
下身著裙，佩飾耳璫、項鍊、臂釧、手鐲、腳鐲。
左手執蓮花莖，蓮花置於左肩，花心上托寶劍；
右手持金剛杵。半跏趺坐於圓邊三角形覆蓮底
座上，底座正面下沿刻「善慧佛母」名稱。供
於西壁第五層第三龕。

圖 471　不動佛母

Acalā

通高 13 公分，底座寬 11 公分。

F4Sf：52（故 199891 52/122）

佛母為一面二臂。頭戴五葉冠，高髮髻，耳後
有束髮繒帶，寂靜相。袒露上身，肩披帛帶，
下身著裙，佩飾耳璫、項鍊、臂釧、手鐲、腳鐲。
左手執蓮花莖，蓮花置於左肩，花心上立金剛
杵；右手持金剛杵。半跏趺坐於圓邊三角形覆
蓮底座上，底座正面下沿刻「不動佛母」名稱。
供於西壁第五層第四龕。

圖 472　勝頂佛

Jayoṣṇīṣa

通高 13 公分，底座寬 11 公分。

F4Sf：53（故 199891 53/122）

佛為一面二臂。頭戴五葉冠，葫蘆形髮髻，耳
後有束髮繒帶，寂靜相。袒露上身，肩披帛帶，
下身著裙，佩飾耳璫、項鍊、臂釧、手鐲、腳鐲。
左手下垂於左腿後撫蓮座，右手托火焰邊法輪。
全跏趺坐於圓邊三角形覆蓮底座上，底座正面
下沿刻「勝頂佛」名稱。供於西壁第五層第五
龕。

圖 470　善慧佛母

圖 471　不動佛母

圖472 勝頂佛

圖 473　大頂佛

Mahodgatoṣṇīṣa

通高 13 公分，底座寬 11 公分。

F4Sf：54（故 199891 54/122）

佛為一面二臂。頭戴五葉冠，葫蘆形髮髻，耳
後有束髮繒帶，寂靜相。袒露上身，肩披帛帶，
下身著裙，佩飾耳璫、項鍊、臂釧、手鐲、腳鐲。
左手下垂於左腿後撫蓮座，右手托法輪。全跏
趺坐於圓邊三角形覆蓮底座上，底座正面下沿
刻「大頂佛」名稱。供於西壁第五層第六龕。

圖 473　大頂佛

圖 474　超頂佛

Udgatoṣṇīṣa

通高 13 公分，底座寬 11 公分。

F4Sf：55（故 199891 55/122）

佛為一面二臂。頭戴五葉冠，葫蘆形髮髻，耳
後有束髮繒帶，寂靜相。袒露上身，肩披帛帶，
下身著裙，佩飾耳璫、項鍊、臂釧、手鐲、腳鐲。
左手下垂於左腿後撫蓮座，右手托法輪。全跏
趺坐於圓邊三角形覆蓮底座上，底座正面下沿
刻「超頂佛」名稱。供於西壁第五層第七龕。

圖 475　火焰光頂佛

Vikiraṇoṣṇīṣa

通高 13.5 公分，底座寬 11 公分。

F4Sf：56（故 199891 56/122）

佛為一面二臂。頭戴五葉冠，葫蘆形髮髻，耳
後有束髮繒帶，寂靜相。袒露上身，肩披帛帶，
下身著裙，佩飾耳璫、項鍊、臂釧、手鐲、腳鐲。
左手下垂於左腿後撫蓮座，右手托法輪。全跏
趺坐於圓邊三角形覆蓮底座上，底座正面下沿
刻「火焰光頂佛」名稱。供於西壁第五層第八
龕。

圖 474　超頂佛

圖 475　火焰光頂佛

圖 476　尊勝頂佛

Vijayoṣṇīṣa

通高 13.5 公分，底座寬 11 公分。

F4Sf：57（故 19122 57/122）

佛為一面二臂。頭戴五葉冠，葫蘆形髮髻，耳後有束髮繒帶，寂靜相。袒露上身，肩披帛帶，下身著裙，佩飾耳璫、項鍊、臂釧、手鐲、腳鐲。左手下垂於左腿後撫蓮座，右手托火焰邊法輪。全跏趺坐於圓邊三角形覆蓮底座上，底座正面下沿刻「尊勝頂佛」名稱。供於西壁第五層第九龕。

圖 477　威光頂佛

Tejorāśyuṣṇīṣa

通高 13.5 公分，底座寬 11 公分。

F4Sf：58（故 199891 58/122）

佛為一面二臂。頭戴五葉冠，葫蘆形髮髻，耳後有束髮繒帶，寂靜相。袒露上身，肩披帛帶，下身著裙，佩飾耳璫、項鍊、臂釧、手鐲、腳鐲。左手下垂於左腿後撫蓮座，右手托法輪。全跏趺坐於圓邊三角形覆蓮底座上，底座正面下沿刻「威光頂佛」名稱。供於西壁第五層第十龕。

圖 478　大頂佛

Mahoṣṇīṣa

通高 13.5 公分，底座寬 11 公分。

F4Sf：59（故 199891 59/122）

佛為一面二臂。頭戴五葉冠，葫蘆形髮髻，耳後有束髮繒帶，寂靜相。袒露上身，肩披帛帶，下身著裙，佩飾耳璫、項鍊、臂釧、手鐲、腳鐲。左手下垂於左腿後撫蓮座，右手托法輪。全跏趺坐於圓邊三角形覆蓮底座上，底座正面下沿刻「大頂佛」名稱。供於西壁第五層第十一龕。

圖 479　敏捷項〔頂〕佛

Tīkṣoṣṇīṣa

通高 13.5 公分，底座寬 11 公分。

F4Sf：60（故 199891 60/122）

佛為一面二臂。頭戴五葉冠，葫蘆形髮髻，耳後有束髮繒帶，寂靜相。袒露上身，肩披帛帶，下身著裙，佩飾耳璫、項鍊、臂釧、手鐲、腳鐲。左手下垂於左腿後撫蓮座，右手托法輪。全跏趺坐於圓邊三角形覆蓮底座上，底座正面下沿刻「敏捷項佛」名稱。供於西壁第五層第十二龕。

圖 480　白傘頂佛

Sitātapatroṣṇīṣa

通高 13.5 公分，底座寬 11 公分。

F4Sf：61（故 199891 61/122）

佛為一面二臂。頭戴五葉冠，葫蘆形髮髻，耳後有束髮繒帶，寂靜相。袒露上身，肩披帛帶，下身著裙，佩飾耳璫、項鍊、臂釧、手鐲、腳鐲。左手下垂於左腿後撫蓮座，右手托法輪。全跏趺坐於圓邊三角形覆蓮底座上，底座正面下沿刻「白傘頂佛」名稱。供於西壁第五層第十三龕。

圖 481　四室東壁佛格

圖 476　尊勝頂佛

圖477 威光頂佛

圖479 敏捷頂〔頂〕佛

圖478 大頂佛

圖480 白傘頂佛

圖 481　四室東壁佛格

四室東壁佛格佛像

圖 482　解實辨才母
Pratibhānapratisaṃvi

通高 13 公分，底座寬 11.5 公分。

F4Sf：62（故 199891 62/122）

神為一面二臂。頭戴五葉冠，高髮髻，耳後有
束髮繒帶，寂靜相。袒露上身，肩披帛帶，下
身著裙，佩飾耳璫、項鍊、臂釧、手鐲、腳鐲。
左手施與願印，右手持金剛鈴。右舒坐於圓邊
三角形覆蓮底座上，底座正面下沿刻「解實辨
才母」名稱。供於東壁第一層第一龕。

圖 482　解實辨才母

圖 483　解真實句母
Niruktipratisaṃvit

通高 13 公分，底座寬 11.5 公分。

F4Sf：63（故 199891 63/122）

神為一面二臂。頭戴五葉冠，高髮髻，耳後有
束髮繒帶，寂靜相。袒露上身，肩披帛帶，下
身著裙，佩飾耳璫、項鍊、臂釧、手鐲、腳鐲。
左手施與願印，右手持金剛鎖鏈。右舒坐於圓
邊三角形覆蓮底座上，底座正面下沿刻「解真
實句母」名稱。供於東壁第一層第二龕。

圖 484　解義實母
Arthapratisaṃvit

通高 13 公分，底座寬 11.5 公分。

F4Sf：64（故 199891 64/122）

神為一面二臂。頭戴五葉冠，高髮髻，耳後有
束髮繒帶，寂靜相。袒露上身，肩披帛帶，下
身著裙，佩飾耳璫、項鍊、臂釧、手鐲、腳鐲。
左手施與願印，右手持羂索。右舒坐於圓邊三
角形覆蓮底座上，底座正面下沿刻「解義實母」
名稱。供於東壁第一層第三龕。

圖 483　解真實句母

圖484　解義實母

圖 485　解法寶母

Dharmapratisaṃvit

通高 13 公分，底座寬 11.5 公分。

F4Sf：65（故 199891 65/122）

神為一面二臂。頭戴五葉冠，高髮髻，耳後有
束髮繒帶，寂靜相。袒露上身，肩披帛帶，下
身著裙，佩飾耳璫、項鍊、臂釧、手鐲、腳鐲。
左手掌心朝下放左腿上，右手持金剛鉤。右舒
坐於圓邊三角形覆蓮底座上，底座正面下沿刻
「解法寶母」名稱。供於東壁第一層第四龕。

圖 486　普賢菩薩

Samantabhadra

通高 13.5 公分，底座寬 11 公分。

F4Sf：66（故 199891 66/122）

菩薩為一面二臂。頭戴五葉冠，葫蘆形髮髻，
耳後有束髮繒帶，寂靜相。袒露上身，肩披帛
帶，下身著裙，佩飾耳璫、項鍊、臂釧、手鐲、
腳鐲。左手施禪定印，右手持金剛交杵。半跏
趺坐於圓邊三角形覆蓮底座上，底座正面下沿
刻「普賢菩薩」名稱。供於東壁第一層第五龕。

圖 487　無盡智菩薩

Akṣayamati

通高 13.5 公分，底座寬 11 公分。

F4Sf：67（故 199891 67/122）

菩薩為一面二臂。頭戴五葉冠，葫蘆形髮髻，
耳後有束髮繒帶，寂靜相。袒露上身，肩披帛
帶，下身著裙，佩飾耳璫、項鍊、臂釧、手鐲、
腳鐲。左手施禪定印，右手持金剛交杵。半跏
趺坐於圓邊三角形覆蓮底座上，底座正面下沿
刻「無盡智菩薩」名稱。供於東壁第一層第六
龕。

圖 485　解法寶母

圖 486　普賢菩薩

圖 487　無盡智菩薩

圖 488　金剛藏菩薩
Vajragarbha

通高 13.5 公分，底座寬 11 公分。

F4Sf：68（故 199891 68/122）

菩薩為一面二臂。頭戴五葉冠，葫蘆形髮髻，耳後有束髮繒帶，寂靜相。袒露上身，肩披帛帶，下身著裙，佩飾耳璫、項鍊、臂釧、手鐲、腳鐲。左手施禪定印，右手持金剛交杵。半跏趺坐於圓邊三角形覆蓮底座上，底座正面下沿刻「金剛藏菩薩」名稱。供於東壁第一層第七龕。

圖 489　綱光菩薩
Jālinīprabha

通高 13.5 公分，底座寬 11 公分。

F4Sf：69（故 199891 69/122）

菩薩為一面二臂。頭戴五葉冠，葫蘆形髮髻，耳後有束髮繒帶，寂靜相。袒露上身，肩披帛帶，下身著裙，佩飾耳璫、項鍊、臂釧、手鐲、腳鐲。雙手施禪定印，掌心上托小蓮花座（座上有插孔，原物佚失）。半跏趺坐於圓邊三角形覆蓮底座上，底座正面下沿刻「綱光菩薩」名稱。供於東壁第一層第八龕。

圖 490　積智菩薩
Pratibhānakūṭa

通高 13.5 公分，底座寬 11 公分。

F4Sf：70（故 199891 70/122）

菩薩為一面二臂。頭戴五葉冠，葫蘆形髮髻，耳後有束髮繒帶，寂靜相。袒露上身，肩披帛帶，下身著裙，佩飾耳璫、項鍊、臂釧、手鐲、腳鐲。左手施禪定印，右手持金剛交杵。半跏趺坐於圓邊三角形覆蓮底座上，底座正面下沿刻「積智菩薩」名稱。供於東壁第一層第九龕。

圖 491　善隆菩薩
Bhadrapāla

通高 13 公分，底座寬 11 公分。

F4Sf：71（故 199891 71/122）

菩薩為一面二臂。頭戴五葉冠，葫蘆形髮髻，耳後有束髮繒帶，寂靜相。袒露上身，肩披帛帶，下身著裙，佩飾耳璫、項鍊、臂釧、手鐲、腳鐲。雙手施禪定印，掌心上托立金剛杵。半跏趺坐於圓邊三角形覆蓮底座上，底座正面下沿刻「善隆菩薩」名稱。供於東壁第一層第十龕。

圖 492　月光菩薩
Candraprabha

通高 13.5 公分，底座寬 11 公分。

F4Sf：72（故 199891 72/122）

菩薩為一面二臂。頭戴五葉冠，葫蘆形髮髻，耳後有束髮繒帶，寂靜相。袒露上身，肩披帛帶，下身著裙，佩飾耳璫、項鍊、臂釧、手鐲、腳鐲。雙手施禪定印，掌心上托蓮花座（座上有插孔，原物佚失）。半跏趺坐於圓邊三角形覆蓮底座上，底座正面下沿刻「月光菩薩」名稱。供於東壁第一層第十一龕。

圖 488　金剛藏菩薩

圖489 綱光菩薩

圖491 音隆菩薩

圖490 積智菩薩

圖492 月光菩薩

圖 493　無量光菩薩

Amitābha

通高 13.5 公分，底座寬 11 公分。

F4Sf：73（故 199891 73/122）

菩薩為一面二臂。頭戴五葉冠，葫蘆形髮髻，耳後有束髮繒帶，寂靜相。袒露上身，肩披帛帶，下身著裙，佩飾耳璫、項鍊、臂釧、手鐲、腳鐲。雙手施禪定印，掌心上托金剛杵。半跏趺坐於圓邊三角形覆蓮底座上，底座正面下沿刻「無量光菩薩」名稱。供於東壁第一層第十二龕。

圖 494　智慧頂菩薩

Jñānaketu

通高 12.5 公分，底座寬 10.2 公分。

F4Sf：74（故 199891 74/122）

菩薩為一面二臂。頭戴五葉冠，葫蘆形髮髻，耳後有束髮繒帶，寂靜相。袒露上身，肩披帛帶，下身著裙，佩飾耳璫、項鍊、臂釧、手鐲、腳鐲。左手施禪定印，右手握桃。全跏趺坐於圓邊三角形覆蓮底座上，底座正面下沿刻「智慧頂菩薩」名稱。供於東壁第一層第十三龕。

圖 493　無量光菩薩

圖 494　智慧頂菩薩

圖 495　佛陀菩提母

Buddhabodhi

通高 15.5 公分，底座寬 13 公分。

F4Sf：75（故 199891 75/122）

佛母為一面二臂。頭戴五葉冠，高髮髻，耳後
有束髮繒帶，寂靜相。袒露上身，肩披帛帶，
下身著裙，佩飾耳璫、項鍊、臂釧、手鐲、腳鐲。
左手托法輪；右手執蓮花莖，蓮花置於右肩。
右舒坐於圓邊三角形覆蓮底座上，底座正面下
沿刻「佛陀菩提母」名稱。供於東壁第二層第
一龕。

圖 495　佛陀菩提母

圖 496　如性母

Tathatā

通高 16 公分，底座寬 13 公分。

F4Sf：76（故 199891 76/122）

佛母一面二臂。頭戴五葉冠，高髮髻，耳後有
束髮繒帶，寂靜相。袒露上身，肩披帛帶，下
身著裙，佩飾耳璫、項鍊、臂釧、手鐲、腳鐲。
雙手各持一蓮花莖，蓮花置於雙肩。右舒坐於
圓邊三角形覆蓮底座上，底座正面下沿刻「如
性母」名稱。供於東壁第二層第二龕。

圖 496　如性母

圖 497　自在法母

Dharma-Vaśitā

通高 16 公分，底座寬 13 公分。

F4Sf：77（故 199891 77/122）

佛母一面二臂。頭戴五葉冠，高髮髻，耳後有束髮繒帶，寂靜相。袒露上身，肩披帛帶，下身著裙，佩飾耳璫、項鍊、臂釧、手鐲、腳鐲。左手持寶瓶；右手執蓮花莖，蓮花置於右肩。右舒坐於圓邊三角形覆蓮底座上，底座正面下沿刻「自在法母」名稱。供於東壁第二層第三龕。

圖 498　自在智母

Jñāna-Vaśitā

通高 16 公分，底座寬 13 公分。

F4Sf：78（故 199891 78/122）

佛母為一面二臂。頭戴五葉冠，高髮髻，耳後有束髮繒帶，寂靜相。袒露上身，肩披帛帶，下身著裙，佩飾耳璫、項鍊、臂釧、手鐲、腳鐲。左手持寶劍；右手執蓮花莖，蓮花置於右肩。右舒坐於圓邊三角形覆蓮底座上，底座正面下沿刻「自在智母」名稱。供於東壁第二層第四龕。

圖 499　虛空藏菩薩

Gaganagañja

通高 17 公分，底座寬 13.5 公分。

F4Sf：79（故 199891 79/122）

菩薩為一面二臂。頭戴五葉冠，葫蘆形髮髻，耳後有束髮繒帶，寂靜相。袒露上身，肩披帛帶，前胸斜披絡腋，下身著裙，佩飾耳璫、項鍊、臂釧、手鐲、腳鐲。左手施禪定印，右手握桃。半跏趺坐於圓邊三角形覆蓮底座上，底座正面下沿刻「虛空藏菩薩」名稱。供於東壁第二層第五龕。

圖 500　勇行菩薩

Śūraṃgama

通高 16.5 公分，底座寬 13.5 公分。

F4Sf：80（故 199891 80/122）

菩薩為一面二臂。頭戴五葉冠，葫蘆形髮髻，耳後有束髮繒帶，寂靜相。袒露上身，肩披帛帶，前胸斜披絡腋，下身著裙，佩飾耳璫、項鍊、臂釧、手鐲、腳鐲。左手施禪定印，右手握桃。半跏趺坐於圓邊三角形覆蓮底座上，底座正面下沿刻「勇行菩薩」名稱。供於東壁第二層第六龕。

圖 501　香象菩薩

Gandhahastin

通高 17 公分，底座寬 14 公分。

F4Sf：81（故 199891 81/122）

菩薩為一面二臂。頭戴五葉冠，葫蘆形髮髻，耳後有束髮繒帶，寂靜相。袒露上身，肩披帛帶，前胸斜披絡腋，下身著裙，佩飾耳璫、項鍊、臂釧、手鐲、腳鐲。左手施禪定印，右手握桃。半跏趺坐於圓邊三角形覆蓮底座上，底座正面下沿刻「香象菩薩」名稱。供於東壁第二層第七龕。

圖 497　自在法母

圖 498　自在智母

圖 500　勇行菩薩

圖 499　虛空藏菩薩

圖 501　香象菩薩

圖 502　消憂智菩薩　　　　　　　　　　　　圖 503　接引三塗菩薩

圖 502　消憂智菩薩

Sarvaśokatamonirghātanamati

通高 16.5 公分，底座寬 13.5 公分。

F4Sf：82（故 199891 82/122）

菩薩為一面二臂。頭戴五葉冠，葫蘆形髮髻，
耳後有束髮繒帶，寂靜相。袒露上身，肩披帛
帶，下身著裙，佩飾耳璫、項鍊、臂釧、手鐲、
腳鐲。左手施禪定印，掌心上托金剛立杵；右
手施觸地印。半跏趺坐於圓邊三角形覆蓮底座
上，底座正面下沿刻「消憂智菩薩」名稱。供
於東壁第二層第八龕。

圖 503　接引三塗菩薩

Sarvāpāyaṃjaha

通高 16.5 公分，底座寬 13.5 公分。

F4Sf：83（故 199891 83/122）

菩薩為一面二臂。頭戴五葉冠，葫蘆形髮髻，
耳後有束髮繒帶，寂靜相。袒露上身，肩披帛
帶，下身著裙，佩飾耳璫、項鍊、臂釧、手鐲、
腳鐲。左手施禪定印，掌心上托金剛立杵；右
手施觸地印。半跏趺坐於圓邊三角形覆蓮底座
上，底座正面下沿刻「接引三塗菩薩」名稱。
供於東壁第二層第九龕。

圖 504　現無愚菩薩　　　　　　　　　　　　　　　圖 505　彌勒菩薩

圖 504　現無愚菩薩
Amoghadarśin

通高 16.5 公分，底座寬 13.5 公分。

F4Sf：84（故 199891 84/122）

菩薩為一面二臂。頭戴五葉冠，葫蘆形髮髻，耳後有束髮繒帶，寂靜相。袒露上身，肩披帛帶，下身著裙，佩飾耳璫、項鍊、臂釧、手鐲、腳鐲。左手施禪定印，掌心上托金剛立杵；右手施觸地印。半跏趺坐於圓邊三角形覆蓮底座上，底座正面下沿刻「現無愚菩薩」名稱。供於東壁第二層第十龕。

圖 505　彌勒菩薩
Maitreya

通高 17 公分，底座寬 13.5 公分。

F4Sf：85（故 199891 85/122）

菩薩為一面二臂。頭戴五葉冠，葫蘆形髮髻，耳後有束髮繒帶，寂靜相。袒露上身，肩披帛帶，下身著裙，佩飾耳璫、項鍊、臂釧、手鐲、腳鐲。左手施禪定印，掌心上托金剛立杵；右手施觸地印。半跏趺坐於圓邊三角形覆蓮底座上，底座正面下沿刻「彌勒菩薩」名稱。供於東壁第二層第十一龕。

圖 506　妙舞佛母

Nṛtyā

通高 17 公分，底座寬 13.5 公分。

F4Sf：86（故 199891 86/122）

佛母為一面二臂。頭戴五葉冠，葫蘆形髮髻，
耳後有束髮繒帶，寂靜相。袒露上身，肩披帛
帶，下身著裙，佩飾耳璫、項鍊、臂釧、手鐲、
腳鐲。雙臂上舉，雙手各持一金剛杵。半跏趺
坐於圓邊三角形覆蓮底座上，底座正面下沿刻
「妙舞佛母」名稱。供於東壁第二層第十二龕。

圖 506　妙舞佛母

圖 507　蓮花行波羅蜜母
Ratnapadma-Pāramitā

通高 19 公分，底座寬 16 公分。

F4Sf：87（故 199891 87/122）

佛母為一面二臂。頭戴五葉冠，葫蘆形髮髻，耳後有束髮繒帶，寂靜相。袒露上身，肩披帛帶，下身著裙，佩飾耳璫、項鍊、臂釧、手鐲、腳鐲。左手捧月牙，右手托摩尼寶。右舒坐於圓邊三角形覆蓮底座上，底座正面下沿刻「蓮花行波羅蜜母」名稱。供於東壁第二層第一龕。

圖 508　金剛行波羅蜜母
Vajrakarma-Pāramitā

通高 19 公分，底座寬 16 公分。

F4Sf：88（故 199891 88/122）

佛母為一面二臂。頭戴五葉冠，葫蘆形髮髻，耳後有束髮繒帶，寂靜相。袒露上身，肩披帛帶，下身著裙，佩飾耳璫、項鍊、臂釧、手鐲、腳鐲。左手持金剛杵，右手持摩尼寶。右舒坐於圓邊三角形覆蓮底座上，底座正面下沿刻「金剛行波羅蜜母」名稱。供於東壁第三層第二龕。

圖 507　蓮花行波羅蜜母

圖 508　金剛行波羅蜜母

333

圖 509　智波羅蜜母
Jñāna-Pāramitā

通高 19 公分，底座寬 16 公分。

F4Sf：89（故 199891 89/122）

佛母為一面二臂。頭戴五葉冠，葫蘆形髮髻，
耳後有束髮繒帶，寂靜相。袒露上身，肩披帛
帶，下身著裙，佩飾耳璫、項鍊、臂釧、手鐲、
腳鐲。左手持帶葉樹枝，右手持摩尼寶。右舒
坐於圓邊三角形覆蓮底座上，底座正面下沿刻
「智波羅蜜母」名稱。供於東壁第三層第三龕。

圖 510　力波羅蜜母
Bala-Pālamitā

通高 19 公分，底座寬 16 公分。

F4Sf：90（故 199891 90/122）

佛母為一面二臂。頭戴五葉冠，高髮髻，耳後
有束髮繒帶，寂靜相。袒露上身，肩披帛帶，
下身著裙，佩飾耳璫、項鍊、臂釧、手鐲、腳鐲。
左手托經卷，右手持摩尼寶。右舒坐於圓邊三
角形覆蓮底座上，底座正面下沿刻「力波羅蜜
母」名稱。供於東壁第三層第四龕。

圖 509　智波羅蜜母

圖 510　力波羅蜜母

圖 511　火焰光佛

Jvālānala (?)

通高 19 公分，底座寬 16 公分。

F4Sf：91（故 199891 91/122）

佛為一面三目二臂。頭戴五葉冠，赤髮高聳，
耳後有束髮繒帶，忿怒相。赤裸全身，肩披帛
帶，腰束虎皮裙，所佩飾的項鍊、臂釧、手鐲、
腳鐲均有蛇纏繞而成。左手捧嘎巴拉碗，右手
舉金剛杵。展左立，足下踩一人。橢圓形覆蓮
底座，底座正面下沿刻「火焰光佛」名稱。供
於東壁第三層第五龕。

圖 512　最上功德佛

Paramādya-Vajrasattva

通高 20 公分，底座寬 16 公分。

F4Sf：92（故 199891 92/122）

佛為一面二臂。頭戴五葉冠，葫蘆形髮髻，耳
後有束髮繒帶，寂靜相。袒露上身，肩披帛帶，
胸前斜披絡腋，下身著裙，佩飾耳璫、項鍊、
臂釧、手鐲、腳鐲。左手持金剛鈴，右手托金
剛立杵。全跏趺坐於圓邊三角形覆蓮底座上，
底座正面下沿刻「最上功德佛」名稱。供於東
壁第三層第六龕。

圖 511　火焰光佛

圖 512　最上功德佛

335

圖 513　能勝三界佛
Trailokyavijaya

通高 20 公分，底座寬 16 公分。

F4Sf：93（故 199891 93/122）

佛為一面三目二臂。頭戴五葉冠，赤髮高聳，耳後有束髮繒帶，忿怒相。赤裸全身，肩披帛帶，腰束虎皮裙，佩飾耳璫、項鍊、臂釧、手鐲、腳鐲。雙手胸前相交，施期克印。展左立，雙足下各踩一人。左足下之人仰臥，右足下之人俯臥。橢圓形覆蓮底座，底座正面下沿刻「能勝三界佛」名稱。供於東壁第三層第七龕。

圖 514　青不動金剛
Nīla-Acalavajra

通高 20 公分，底座寬 16 公分。

F4Sf：94（故 199891 94/122）

金剛為一面三目二臂。頭戴五葉冠，赤髮高聳，耳後有束髮繒帶，忿怒相。赤裸全身，肩披帛帶，腰束虎皮裙，佩飾耳璫、項鍊、臂釧、手鐲、腳鐲。左手施期克印，右手舉寶劍。展左立於橢圓形覆蓮底座上，底座正面下沿刻「青不動金剛」名稱。供於東壁第三層第八龕。

圖 515　成就佛
Amoghasiddhi

通高 20 公分，底座寬 16 公分。

F4Sf：95（故 199891 95/122）

佛為一面二臂。頭戴五葉冠，葫蘆形髮髻，耳後有束髮繒帶，寂靜相。袒露上身，肩披帛帶，下身著裙，佩飾耳璫、項鍊、臂釧、手鐲、腳鐲。左手施禪定印，右手持金剛交杵。全跏趺坐於圓邊三角形覆蓮底座上，底座正面下沿刻「成就佛」名稱。供於東壁第三層第九龕。

圖 513　能勝三界佛

圖 514　青不動金剛

圖 515　成就佛

圖 516　金剛勇識佛

Vajrasattva

通高 19 公分，底座寬 16 公分。

F4Sf：96（故 199891 96/122）

佛為一面二臂。頭戴五葉冠，葫蘆形髮髻，耳
後有束髮繒帶，寂靜相。袒露上身，肩披帛帶，
胸前斜披絡腋，下身著裙，佩飾耳璫、項鍊、
臂釧、手鐲、腳鐲。左手持金剛鈴，右手持金
剛杵。全跏趺坐於圓邊三角形覆蓮底座上，底
座正面下沿刻「金剛勇識佛」名稱。供於東壁
第三層第十龕。

圖 516　金剛勇識佛

圖 517　不動佛

Akṣobhya

通高 19 公分，底座寬 16 公分。

F4Sf：97（故 199891 97/122）

佛為一面二臂。頭戴五葉冠，葫蘆形髮髻，耳
後有束髮繒帶，寂靜相。袒露上身，肩披帛帶，
胸前斜披絡腋，下身著裙，佩飾耳璫、項鍊、
臂釧、手鐲、腳鐲。左手施禪定印，掌心上托
金剛立杵；右手施觸地印。全跏趺坐於圓邊三
角形覆蓮底座上，底座正面下沿刻「不動佛」
名稱。供於申壁第三層第十一龕。

圖 518　自在行母

Karma-Vaśīta

通高 16 公分，底座寬 13 公分。

F4Sf：98（故 199891 98/122）

佛母為一面二臂。頭戴五葉冠，高髮髻，耳後
有束髮繒帶，寂靜相。袒露上身，肩披帛帶，
下身著裙，佩飾耳璫、項鍊、臂釧、手鐲、腳鐲。
左手托金剛交杵；右手執蓮花莖，蓮花置於右
肩。右舒坐於圓邊三角形覆蓮底座上，底座正
面下沿刻「自在行母」名稱。供於東壁第四層
第一龕。

圖 517　不動佛

圖 518　自在行母

圖 519　自在行母

Pariṣkāra-Vaśitā

通高 16 公分，底座寬 13 公分。

F4Sf：99（故 199891 99/122）

佛母為一面二臂。頭戴五葉冠，高髮髻，耳後有束髮繒帶，寂靜相。袒露上身，肩披帛帶，下身著裙，佩飾耳璫、項鍊、臂釧、手鐲、腳鐲。左手持圓蓋；右手執蓮花莖，蓮花置於左肩。右舒坐於圓邊三角形覆蓮底座上，底座正面下沿刻「自在行母」名稱。供於東壁第四層第二龕。

圖 520　自在意母

Citta-Vaśitā

通高 17 公分，底座寬 13 公分。

F4Sf：100（故 199891 100/122）

佛母為一面二臂。頭戴五葉冠，高髮髻，耳後有束髮繒帶，寂靜相。袒露上身，肩披帛帶，下身著裙，佩飾耳璫、項鍊、臂釧、手鐲、腳鐲。左手持金剛杵；右手執蓮花莖，蓮花置於右肩。右舒坐於圓邊三角形覆蓮底座上，底座正面下沿刻「自在意母」名稱。供於東壁第四層第三龕。

圖 521　自在壽母

Āyur-Vaśitā

通高 17 公分，底座寬 13 公分。

F4Sf：101（故 199891 101/122）

佛母為一面二臂。頭戴五葉冠，高髮髻，耳後有束髮繒帶，寂靜相。袒露上身，肩披帛帶，下身著裙，佩飾耳璫、項鍊、臂釧、手鐲、腳鐲。左手托一坐佛；右手執蓮花莖，蓮花置於右肩。右舒坐於圓邊三角形覆蓮底座上，底座正面下沿刻「自在壽母」名稱。供於東壁第四層第四龕。

圖 522　金剛因菩薩

Vajrahetu

通高 17 公分，底座寬 13.5 公分。

F4Sf：102（故 199891 102/122）

菩薩為一面二臂。頭戴五葉冠，葫蘆形髮髻，耳後有束髮繒帶，寂靜相。袒露上身，肩披帛帶，下身著裙，佩飾耳璫、項鍊、臂釧、手鐲、腳鐲。雙手捧法輪。半跏趺坐於圓邊三角形覆蓮底座上，底座正面下沿刻「金剛因菩薩」名稱。供於東壁第四層第五龕。

圖 523　金剛敏捷菩薩

Vajratīkṣṇa

通高 17 公分，底座寬 13.5 公分。

F4Sf：103（故 199891 103/122）

菩薩為一面二臂。頭戴五葉冠，葫蘆形髮髻，耳後有束髮繒帶，寂靜相。袒露上身，肩披帛帶，下身著裙，佩飾耳璫、項鍊、臂釧、手鐲、腳鐲。左手捧經卷，右手舉寶劍。半跏趺坐於圓邊三角形覆蓮底座上，底座正面下沿刻「金剛敏捷菩薩」名稱。供於東壁第四層第六龕。

圖 519　自在行母

圖 520 白在意母

圖 522 金剛困菩薩

圖 521 自在壽母

圖 523 金剛敏捷菩薩

圖 524　金剛法菩薩

Vajradharma

通高 16.5 公分，底座寬 13.5 公分。

F4Sf：104（故 199891 104/122）

菩薩為一面二臂。頭戴五葉冠，葫蘆形髮髻，耳後有束髮繒帶，寂靜相。袒露上身，肩披帛帶，下身著裙，佩飾耳璫、項鍊、臂釧、手鐲、腳鐲。左手施禪定印，掌心上托蓮化；右手施說法印。半跏趺坐於圓邊三角形覆蓮座上，底座正面下沿刻「金剛法菩薩」名稱。供於東壁第四層第七龕。

圖 525　無量光佛

Amitābha

通高 16.5 公分，底座寬 13.5 公分。

F4Sf：105（故 199891 105/122）

佛為一面二臂。頭戴五葉冠，葫蘆形髮髻，耳後有束髮繒帶，寂靜相。袒露上身，肩披帛帶，下身著裙，佩飾耳璫、項鍊、臂釧、手鐲、腳鐲。雙手施禪定印，掌心上托小蓮花座（座上有插孔，原物佚失）。全跏趺坐於圓邊三角形覆蓮底座上，底座正面下沿刻「無量光佛」名稱。供於東壁第四層第八龕。

圖 526　金剛笑菩薩

Vajrahāsa

通高 17 公分，底座寬 13.5 公分。

F4Sf：106（故 199891 106/122）

菩薩為一面二臂。頭戴五葉冠，葫蘆形髮髻，耳後有束髮繒帶，寂靜相。袒露上身，肩披帛帶，下身著裙，佩飾耳璫、項鍊、臂釧、手鐲、腳鐲。雙手於胸前各持一彎曲金剛杖。半跏趺坐於圓邊三角形覆蓮底座上，底座正面下沿刻「金剛笑菩薩」名稱。供於東壁第四層第九龕。

圖 527　金剛幢菩薩

Vajraketu

通高 16.5 公分，底座寬 13.5 公分。

F4Sf：107（故 199891 107/122）

菩薩為一面二臂。頭戴五葉冠，葫蘆形髮髻，耳後有束髮繒帶，寂靜相。袒露上身，肩披帛帶，胸前斜披絡腋，下身著裙，佩飾耳璫、項鍊、臂釧、手鐲、腳鐲。雙手舉幢。全跏趺坐於圓邊三角形覆蓮底座上，底座正面下沿刻「金剛幢菩薩」名稱。供於東壁第四層第十龕。

圖 528　不動性佛

sKu-gdung-brtan-pa

通高 17 公分，底座寬 13.5 公分。

F4Sf：108（故 199891 108/122）

佛為一面二臂。頭戴五葉冠，葫蘆形髮髻，耳後有束髮繒帶，寂靜相。袒露上身，肩披帛帶，胸前斜披絡腋，下身著裙，佩飾耳璫、項鍊、臂釧、手鐲、腳鐲。雙手於胸前施說法印。全跏趺坐於圓邊三角形覆蓮底座上，底座正面下沿刻「不動性佛」名稱。供於東壁第四層第十一龕。

圖 524　金剛法菩薩

圖 525　無量光佛

圖 527　金剛幢菩薩

圖 526　金剛笑菩薩

圖 528　不動性佛

圖 529　大安樂佛

Mahāsukha

通高 16.5 公分，底座寬 13 公分。

F4Sf：109（故 199891 109/122）

佛為一面三目二臂。頭戴五葉冠，赤髮高聳，
耳後有束髮繒帶，忿怒相。赤裸全身，肩披帛
帶，腰束虎皮裙，佩飾耳璫、項鍊、臂釧、手
鐲、腳鐲。左手施期克印，右手舉金剛杵。展
左立於橢圓形覆蓮底座上，底座正面下沿刻「大
安樂佛」名稱。供於東壁第四層第十二龕。

圖 529　大安樂佛

圖 530　自在願母

Praṇidhāna-Vaśitā

通高 12.5 公分，底座寬 11.3 公分。

F4Sf：110（故 199891 110/122）

佛母為一面二臂。頭戴五葉冠，高髮髻，耳後
有束髮繒帶，寂靜相。袒露上身，肩披帛帶，
下身著裙，佩飾耳璫、項鍊、臂釧、手鐲、腳鐲。
左手掌心持蓮花；右手執蓮花莖，蓮花置於右
肩。右舒坐於圓邊三角形覆蓮底座上，底座正
面下沿刻「自在願母」名稱。供於東壁第五層
第一龕。

圖 531　自在發心母

Adhimukti-Vaśitā (?)

通高 13 公分，底座寬 11 公分。

F4Sf：111（故 199891 111/122）

佛母為一面二臂。頭戴五葉冠，高髮髻，耳後
有束髮繒帶，寂靜相。袒露上身，肩披帛帶，
下身著裙，佩飾耳璫、項鍊、臂釧、手鐲、腳鐲。
雙手各執一蓮花莖，蓮花分置於雙肩，右肩上
蓮花缺一葉。右舒坐於圓邊三角形覆蓮底座上，
底座正面下沿刻「自在發心母」名稱。供於東
壁第五層第一龕。

圖 530　自在願母

圖 531　自在發心母

345

圖 532　自在幻化母

Ṛddhi-Vaśitā

通高 13 公分，底座寬 11 公分。

F4Sf：112（故 199891 112/122）

佛母為一面二臂。頭戴五葉冠，高髮髻，耳後
有束髮繒帶，寂靜相。袒露上身，肩披帛帶，
下身著裙，佩飾耳璫、項鍊、臂釧、手鐲、腳鐲。
左手托日輪；右手執蓮花莖，蓮花置於右肩。
右舒坐於圓邊三角形覆蓮底座上，底座正面下
沿刻「自在幻化母」名稱。供於東壁第五層第
三龕。

圖 533　自在生母

Upapatti-Vaśitā

通高 13 公分，底座寬 11 公分。

F4Sf：113（故 199891 113/122）

佛母為一面二臂。頭戴五葉冠，高髮髻，耳後
有束髮繒帶，寂靜相。袒露上身，肩披帛帶，
下身著裙，佩飾耳璫、項鍊、臂釧、手鐲、腳
鐲。雙手各施期克印，並各執一蓮花莖，蓮花
分置於雙肩。右舒坐於圓邊三角形覆蓮底座上，
底座正面下沿刻「自在生母」名稱。供於東壁
第五層第四龕。

圖 532　自在幻化母

圖 533　自在生母

圖 534　歌唄佛母

Gītā

通高 13 公分，底座寬 11 公分。

F4Sf：114（故 199891 114/122）

佛母為一面二臂。頭戴五葉冠，高髮髻，耳後
有束髮繒帶，寂靜相。袒露上身，肩披帛帶，
胸前斜披絡腋，下身著裙，佩飾耳璫、項鍊、
臂釧、手鐲、腳鐲。懷抱琵琶，雙手作彈撥琵
琶狀。半跏趺坐於圓邊三角形覆蓮底座上，底
座正面下沿刻「歌唄佛母」名稱。供於東壁第
五層第五龕。

圖 535　持鬘佛母

Mālyā

通高 13 公分，底座寬 11 公分。

F4Sf．115（故 199891 115/122）

佛母為一面二臂。頭戴五葉冠，葫蘆形髮髻，
耳後有束髮繒帶，寂靜相。袒露上身，肩披帛
帶，下身著裙，佩飾耳璫、項鍊、臂釧、手鐲、
腳鐲。雙手拿長鬘。半跏趺坐於圓邊三角形覆
蓮底座上，底座正面下沿刻「持鬘佛母」名稱。
供於東壁第五層第六龕。

圖 534　歌唄佛母

圖 535　持鬘佛母

圖 536　遊戲佛母　　　　　　　　　　　　　　　　　　圖 537　金剛拳菩薩

圖 536　遊戲佛母

Lāsyā

通高 13 公分，底座寬 11 公分。

F4Sf：116（故 199891 116/122）

佛母為一面二臂。頭戴五葉冠，葫蘆形髮髻，
耳後有束髮繒帶，寂靜相。袒露上身，肩披帛
帶，下身著裙，佩飾耳璫、項鍊、臂釧、手鐲、
腳鐲。雙手於胸前各持一彎杖。半跏趺坐於圓
邊三角形覆蓮底座上，底座正面下沿刻「遊戲
佛母」名稱。供於東壁第五層第七龕

圖 537　金剛拳菩薩

Vajramuṣṭi

通高 13 公分，底座寬 11 公分。

F4Sf：117（故 199891 117/122）

菩薩為一面二臂。頭戴五葉冠，葫蘆形髮髻，
耳後有束髮繒帶，寂靜相。袒露上身，肩披帛
帶，胸前斜披絡腋，下身著裙，佩飾耳璫、項
鍊、臂釧、手鐲、腳鐲。雙手各施期克印。半
跏趺坐於圓邊三角形覆蓮底座上，底座正面下
沿刻「金剛拳菩薩」名稱。供於東壁第五層第
八龕。

圖 538　令剛藥乂〔乂〕菩薩　　　　　　　　　圖 539　金剛佑菩薩

圖 538　金剛藥乂〔乂〕菩薩
Vajrayakṣa

通高 13 公分，底座寬 11 公分。

F4Sf：118（故 199891 118/122）

菩薩為一面二臂。頭戴五葉冠，葫蘆形髮髻，耳後有束髮繒帶，寂靜相。袒露上身，肩披帛帶，胸前斜披絡腋，下身著裙，佩飾耳璫、項鍊、臂釧、手鐲、腳鐲。雙手置於腹前，手背相對，內夾一金剛立杵。半跏趺坐於圓邊三角形覆蓮底座上，底座正面下沿刻「金剛藥乂菩薩」名稱。供於東壁第五層第九龕。

圖 539　金剛佑菩薩
Vajrarakṣa

通高 13 公分，底座寬 11 公分。

F4Sf：119（故 199891 119/122）

菩薩為一面二臂。頭戴五葉冠，葫蘆形髮髻，耳後有束髮繒帶，寂靜相。袒露上身，肩披帛帶，下身著裙，佩飾耳璫、項鍊、臂釧、手鐲、腳鐲。雙手於胸前持一副鎧甲。半跏趺坐於圓邊三角形覆蓮底座上，底座正面下沿刻「金剛佑菩薩」名稱。供於東壁第五層第十龕。

圖 540　金剛業菩薩

Vajrakarma

通高 13 公分，底座寬 11 公分。

F4Sf：120（故 199891 120/122）

菩薩為一面二臂。頭戴五葉冠，葫蘆形髮髻，
耳後有束髮繒帶，寂靜相。袒露上身，肩披帛
帶，下身著裙，佩飾耳璫、項鍊、臂釧、手鐲、
腳鐲。左手持金剛鈴，右手持金剛杵。全跏趺
坐於圓邊三角形覆蓮底座上，底座正面下沿刻
「金剛業菩薩」名稱。供於東壁第五層第十一
龕。

圖 541　成就佛

Amoghasiddhi

通高 13 公分，底座寬 11 公分。

F4Sf：121（故 199891 121/122）

佛為一面二臂。頭戴五葉冠，葫蘆形髮髻，耳
後有束髮繒帶，寂靜相。袒露上身，肩披帛帶，
下身著裙，佩飾耳璫、項鍊、臂釧、手鐲、腳鐲。
左手施禪定印，右手持金剛交杵。半跏趺坐於
圓邊三角形覆蓮底座上，底座正面下沿刻「成
就佛」名稱。供於東壁第五層第十二龕。

圖 542　金剛語菩薩

Vajrabhāṣa

通高 13 公分，底座寬 11 公分。

F4Sf：122（故 199891 122/122）

菩薩為一面二臂。頭戴五葉冠，葫蘆形髮髻，
耳後有束髮繒帶，寂靜相。袒露上身，肩披帛
帶，胸前斜披絡腋，下身著裙，佩飾耳璫、項
鍊、臂釧、手鐲、腳鐲。左手捧海螺，右手托
金剛立杵。半跏趺坐於圓邊三角形覆蓮底座上，
底座正面下沿刻「金剛語菩薩」名稱。供於東
壁第五層第十三龕。

圖 540　金剛業菩薩

圖 541　成就佛

圖 542　金剛語菩薩

圖543　釋迦牟尼佛

通高 15 公分。

F4XF：1（故 200015 2/8）

四室樓下亭式三層塔龕內陳設佛像七尊。

佛為黃銅鑄造，通體鎏金，頭髮用顏料染成藍
色。一面二臂，螺髮高髻，寂靜相。身著袒右
肩式袈裟，下身著裙。雙手胸前各施無畏印。
全跏趺坐於單層圓邊三角形覆蓮底座上。供於
亭式三層塔龕一層，佛像面朝南。

圖544　藥師佛

通高 21 公分，底座寬 15 公分。

F4XF：2（故 200015 3/8）

佛為黃銅鑄造，通體鎏金，頭髮用顏料染成藍
色。一面二臂，螺髮高髻，寂靜相。身著袒右
肩式袈裟，下身著裙。左手施禪定印，右手施
與願印並持藥草。全跏趺坐於單層圓邊三角形
覆蓮底座上。供於亭式三層塔龕一層，佛像面
朝東。

圖 543　釋迦牟尼佛

圖 544　藥師佛

353

圖 545　釋迦牟尼佛

通高 21 公分，底座寬 15 公分。

F4XF：3（故 200015 4/8）

佛為黃銅鑄造，通體鎏金，頭髮用顏料染成藍色。一面二臂，螺髮高髻，寂靜相。身著袒右肩式袈裟，右肩搭覆袈裟一角，下身著裙。雙手施禪定印。全跏趺坐於單層圓邊三角形覆蓮底座上。供於亭式三層塔龕一層，佛像面朝北。

圖 546　釋迦牟尼佛

通高 21 公分，底座寬 15 公分。

F4XF：4（故 200015 5/8）

佛為黃銅鑄造，通體鎏金，頭髮用顏料染成藍色。一面二臂，螺髮高髻，寂靜相。身著袒右肩式袈裟，右肩搭覆袈裟一角，下身著裙。左手施禪定印，右手施與願印。全跏趺坐於單層圓邊三角形覆蓮底座上。供於亭式三層塔龕一層，佛像面朝西。

圖 547　釋迦牟尼佛

通高 19 公分，底座寬 13.5 公分。

F4XF：5（故 200015 6/8）

佛為黃銅鑄造，通體鎏金，頭髮用顏料染成藍色。一面二臂，螺髮高髻，寂靜相。身著袒右肩式袈裟，下身著裙。左手施禪定印，右手施與願印。全跏趺坐於單層圓邊三角形覆蓮底座上。供於亭式三層塔龕二層，佛像面朝南。

圖 548　釋迦牟尼佛

通高 19 公分，底座寬 13.5 公分。

F4XF：6（故 200015 7/8）

佛為黃銅鑄造，通體鎏金，頭髮用顏料染成藍色。一面二臂，螺髮高髻，寂靜相。身著袒右肩式袈裟，右肩搭覆袈裟一角，下身著裙。雙手胸前結說法印。全跏趺坐於單層圓邊三角形覆蓮底座上。供於亭式三層塔龕二層，佛像面朝北。

圖 549　釋迦牟尼佛

通高 15.3 公分，底座寬 11.3 公分。

F4XF：7（故 200015 8/8）

佛為黃銅鑄造，通體鎏金，頭髮用顏料染成藍色。一面二臂，螺髮高髻，寂靜相。身著袒右肩式袈裟，下身著裙。左手結禪定印，右手膝前施無畏印。全跏趺坐於單層圓邊三角形覆蓮底座上。供於亭式三層塔龕二層，佛像面朝南。

圖 545　釋迦牟尼佛

圖546　釋迦牟尼佛

圖548　釋迦牟尼佛

圖547　釋迦牟尼佛

圖549　釋迦牟尼佛

四室樓下佛像

圖550　扎什利瑪無量壽佛

通高52公分，底座寬30公分。

F4XF：8（故199903）

銅佛供於室內樓下西側供桌上。

佛為黃銅片捶揲而成，通體鎏金，頭髮用顏料染成
藍色。一面二臂。頭戴五葉冠，葫蘆形髮髻，耳後
有束髮繒帶，寂靜相。袒露上身，肩披帛帶，胸前
斜披絡腋，下身著裙。五葉冠上及所佩飾的菱形花
朵形耳璫、項鍊、臂釧、手鐲、腳鐲上均鑲嵌寶石。
雙手施禪定印，掌心所托寶瓶已佚失。全跏趺坐。
身後有大葫蘆形背光，背光上滿飾卷草紋。身下為
圓邊三角形束腰仰覆蓮底座。佛像外罩黃錦佛衣，
佛衣上邊鑲藍錦牙子，佛衣殘破。佛像上繫有黃條，
上用墨筆書寫漢文：「班禪額爾德尼之商卓忒巴扎
薩克喇嘛濟忠格烈加勒燦請聖安　進扎什利瑪無量
壽佛一尊。」

圖550-2　扎什利瑪無量壽佛

圖550-1　扎什利瑪無量壽佛

圖550-3　扎什利瑪無量壽佛

圖 551　無量壽佛

佛像高 18 公分，最寬 10.5 公分；

琺瑯須彌座最長 16 公分，最寬 13 公分，最高 8.5 公分。

F4XF：9（故 199902）

木佛供於室內樓下西側供桌上。

佛身為木質，一面二臂。頭戴銅五葉寶冠，冠帶垂
於雙肩，葫蘆形髮髻，寂靜相。袒露上身，左肩斜
披絡腋，下身著裙。雙手結禪定印，掌心所托寶瓶
佚失。全跏趺坐於琺瑯覆蓮底座上，下承琺瑯須彌
座，座身滿布纏枝花紋。

圖 551　無量壽佛

五室德行根本品佛像

五室樓上北壁設供案，須彌長座之上供德行根本品九尊六品佛，正中宏光顯耀菩提佛、右一伏魔手持金剛佛、左一善行手持金剛佛、右二黑摧碎金剛佛、左二白馬頭金剛佛、右三佛眼佛母、左三嘛嘛基佛母、右四白衣佛母、左四青救度佛母。

圖 552　白衣佛母
Pāṇḍaravāsinī

通高 39 公分，底座寬 27 公分。

F5SF：1（故 199895 9/9）

佛母位置右四。為一面二臂。頭戴五葉冠，葫蘆形髮髻，耳後有束髮繒帶，寂靜相。袒露上身，肩披帛帶，下身著裙，佩飾耳璫、項鍊、臂釧、手鐲、腳鐲。雙手執蓮花莖，蓮花置於左肩。右舒坐，右足下踏小蓮花座。圓邊三角形覆蓮底座。

圖 553　佛眼佛母
Buddhalocanā

通高 39 公分，底座寬 27 公分。

F5SF：2（故 199895 8/9）

佛母位置右三。為一面二臂。頭戴五葉冠，葫蘆形髮髻，耳後有束髮繒帶，寂靜相。袒露上身，肩披帛帶，下身著裙，佩飾耳璫、項鍊、臂釧、手鐲、腳鐲。雙手捧佛冠於胸前。右舒坐，右足下踏小蓮花座。圓邊三角形覆蓮底座。

圖 552　白衣佛母

圖 553 佛眼佛母

圖 554　黑摧碎金剛佛

Kṛṣṇa-Vajravidāraṇa

通高 39 公分，底座寬 27 公分。

F5SF：3（故 199895 7/9）

此佛位置右二。為一面三目二臂。頭戴五葉冠，
赤髮高聳，耳後有束髮繒帶，忿怒相。赤裸全
身，肩披帛帶，腰束虎皮裙，佩飾耳璫、項鍊、
臂釧、手鐲、腳鐲。左手持金剛鈴；右手高舉，
掌心托金剛交杵。展左立於橢圓形覆蓮底座上。

圖 554　黑摧碎金剛佛

圖 555　伏魔手持金剛佛

Bhūtaḍāmara-Vajrapaṇi

通高 39 公分，底座寬 27 公分。

F5SF：4（故 199895 6/9）

此佛位置右一。為一面三目四臂。頭戴五葉冠，
赤髮高聳，耳後有束髮繒帶，忿怒相。赤裸全
身，肩披帛帶，腰束虎皮裙，佩飾耳璫、寶珠
項鍊和人頭項鬘、臂釧、手鐲、腳鐲。左右元
手胸前相交，各施期克印；左右副手橫舉，左
副手持羂索，右副手持金剛杵。展左立，雙足
下踩一人。此人俯臥，一面四臂，上左手捧嘎
巴拉碗，上右手持鉞刀，下左、卜右—手持物
均佚失。橢圓形覆蓮底座。

圖 555　伏魔手持金剛佛

361

圖 556　宏光顯耀菩提佛

Vairocanābhisaṃbodhi

通高 39 公分，底座寬 27 公分。

F5SF：5（故 199895 5/9）

此佛位置正中，為一面二臂。頭戴五葉冠，葫
蘆形髮髻，耳後有束髮繒帶，寂靜相。袒露上
身，肩披帛帶，胸前斜披絡腋，下身著裙，佩
飾耳璫、項鍊、臂釧、手鐲、腳鐲。雙手施禪
定印。全跏趺坐於圓邊三角形覆蓮底座上。

圖 556-1　宏光顯耀菩提佛

▶ 圖 556-2　宏光顯耀菩提佛

圖 557　善行手持金剛佛

Caryā-Vajrapaṇi

通高 39 公分，底座寬 27 公分。

F5SF：6（故 199895 3/9）

此佛位置左一。為一面三目二臂，頭戴五葉冠，
赤髮高聳，耳後有束髮繒帶，口叼一蛇，忿怒
相，髮間有一化佛坐於橫置金剛杵上。赤裸全
身，肩披帛帶，腰束虎皮裙，除耳璫外，所佩
飾的項鍊、臂釧、手鐲、腳鐲均由蛇纏繞而成。
左手持金剛鈴，右手施期克印。展左立。

此佛身後有二梵天，均頭戴五葉冠，葫蘆形髮
髻，耳後有束髮繒帶，寂靜相。袒露上身，肩
披帛帶，下身著裙，佩飾耳璫、項鍊、臂釧、
手鐲、腳鐲。左手於胸前施無畏印，右手高舉。
左邊梵天騎坐於馬背上，右邊梵天騎坐於象背
上。橢圓形覆蓮底座。

圖 557-1　善行手持金剛佛

圖 557-2　善行手持金剛佛

圖 558　白馬頭金剛佛

Sita-Hayagrīvavajra

通高 39 公分，底座寬 27 公分。

F5SF：7（故 199895 4/9）

此佛位置左二。為一面三目二臂。頭戴五葉冠，
赤髮高聳，耳後有束髮繒帶，忿怒相。赤裸全
身，肩披吊帶，腰束虎皮裙，佩飾耳璫、草葉
紋項鍊、臂釧、手鐲、腳鐲。左手施期克印，
右手舉金剛棒。展左立於橢圓形覆蓮底座上。

圖 558-1　白馬頭金剛佛

▶ 圖 558-2　白馬頭金剛佛

圖 559　嘛嘛基佛母
Māmakī

通高 39 公分，底座寬 27 公分。

F5SF：8（故 199895 2/9）

佛母位置左三。一面二臂。頭戴五葉冠，葫蘆
形髮髻，耳後有束髮繒帶，寂靜相。袒露上身，
肩披帛帶，下身著裙，佩飾耳璫、項鍊、臂釧、
手鐲、腳鐲。左手施說法印，右手托金剛立杵。
右舒坐，右足下踏小蓮花座。圓邊三角形覆蓮
底座。

圖 560　青救度佛母
Nīla-Tārā

通高 39 公分，底座寬 27 公分。

F5SF：9（故 199895 1/9）

佛母位置左四。為一面二臂。頭戴五葉冠，葫
蘆形髮髻，耳後有束髮繒帶，寂靜相，袒露上
身，肩披帛帶，下身著裙，佩飾耳璫、項鍊、
臂釧、手鐲、腳鐲。雙手合十，共執一蓮花莖，
蓮花置於左肩。右舒坐，右足下踏小蓮花座。
圓邊三角形覆蓮底座。

圖 561　五室西壁佛格

圖 559　嘛嘛基佛母

圖 560　青救度佛母

圖 561　五室西壁佛格

五室西壁佛格佛像

圖 562 樂自在天
Nandin

通高 13.5 公分，底座寬 11 公分。

F5Sf．1（故 199892 1/122）

神為一面二臂。頭戴五葉冠，葫蘆形髮髻，耳
後有束髮繒帶，寂靜相。袒露上身，肩披帛帶，
下身著裙，佩飾耳璫、項鍊、臂釧、手鐲、腳
鐲。左手持三尖叉，右手持嘎巴拉鼓。右舒坐
於圓邊三角形覆蓮底座上，底座正面下沿刻「樂
自在天」名稱。供於西壁第一層第一龕。

圖 563 曜睺星天
Rāhu

通高 13.5 公分，底座寬 11 公分。

F5Sf．2（故 199892 2/122）

神為一面三目二臂。頭戴五葉冠，赤髮高聳，
耳後有束髮繒帶，忿怒相。赤裸全身，肩披帛
帶，腰束虎皮裙，佩飾耳璫、項鍊、臂釧、手鐲、
腳鐲。雙臂舉於胸前，掌心朝外，左掌心持一
月牙，右掌心持一日輪。踞坐於馬拉二輪車上。
車廂外部陽鑄「大清乾隆年敬造」款，陰刻「曜
睺星天」名稱。供於西壁第一層第二龕。

圖 562 樂自在天

圖 563　曜暎星天

圖 564　日宮天

Āditya

通高 13.5 公分，底座寬 11 公分。

F5Sf．3（故 199892 3/122）

神為一面二臂。頭戴五葉冠，葫蘆形髮髻，耳
後有束髮繒帶，寂靜相。袒露上身，肩披帛帶，
下身著裙，佩飾耳璫、項鍊、臂釧、手鐲、腳鐲。
雙手持蓮花。右舒坐於圓墊。內形覆蓮底座上，
底座正面下沿刻「日宮天」名稱。供於西壁第
一層第三龕。

圖 565　聚主天

Gaṇapati

通高 13.5 公分，底座寬 11 公分。

F5Sf：4（故 199892 4/122）

神為一面三目四臂。大象頭，頭戴五葉冠，高
髮髻，耳後有束髮繒帶，嗔怒相。赤裸全身，
肩披帛帶，腰束虎皮裙，佩飾耳璫、項鍊、臂
釧、手鐲、腳鐲。左元手持三尖叉，右元手握
蘿蔔；左副手捧嘎巴拉碗，右副手持金剛交杵
杖，杵頭缺一。左舒坐於熊背上。熊下為橢圓
形覆蓮底座，底座正面下沿刻「聚主天」名稱。
供於西壁第一層第四龕。

圖 564　日宮天

374

圖 565　聚主天

圖566 昂機哩天菩薩

Angiras

通高 13.5 公分，底座寬 11 公分。

F5Sf：5（故 199892 5/122）

菩薩為一面二臂。頭戴五葉冠，葫蘆形髮髻，
耳後有束髮繒帶，寂靜相。袒露上身，肩披帛
帶，下身著裙，佩飾耳璫、項鍊、臂釧、手鐲、
腳鐲，左手托奔巴壺，右手持念珠。半跏趺坐
於圓邊三角形覆蓮底座上，底座正面下沿刻「昂
機哩天菩薩」名稱。供於西壁第一層第五龕。

圖567 斡施斯义天菩薩

Vasiṣṭha

通高 13.5 公分，底座寬 11 公分。

F5Sf：6（故 199892 6/122）

菩薩為一面二臂。頭戴五葉冠，葫蘆形髮髻，
耳後有束髮繒帶，寂靜相。袒露上身，肩披帛
帶，下身著裙，佩飾耳璫、項鍊、臂釧、手鐲、
腳鐲。左手托奔巴壺，右手持念珠。半跏趺坐
於圓邊三角形覆蓮底座上，底座正面下沿刻「斡
施斯義天菩薩」名稱。供於西壁第一層第六龕。

圖568 噶呼噶達天菩薩

Khadga (?)

通高 13.5 公分，底座寬 11 公分。

F5Sf：7（故 199892 7/122）

菩薩為一面二臂。頭戴五葉冠，葫蘆形髮髻，
耳後有束髮繒帶，寂靜相。袒露上身，肩披帛
帶，下身著裙，佩飾耳璫、項鍊、臂釧、手鐲、
腳鐲。左手托奔巴壺，右手持念珠。半跏趺坐
於圓邊三角形覆蓮底座上，底座正面下沿刻「噶
呼噶達天菩薩」名稱。供於西壁第一層第七龕。

圖 566　昂機哩天菩薩

圖 567　斡施斯義天菩薩

圖 568　噶呼噶達天菩薩

圖 569　嘛呼噶達天菩薩　　　　　　　　　　　圖 570　飲光天菩薩

圖 569　嘛呼噶達天菩薩
Mārkaṇḍa (?)

通高 13.5 公分，底座寬 11 公分。

F5Sf：8（故 199892 8/122）

菩薩為一面二臂。頭戴五葉冠，葫蘆形髮髻，
耳後有束髮繒帶，寂靜相。袒露上身，肩披帛
帶，下身著裙，佩飾耳璫、項鍊、臂釧、手鐲、
腳鐲。左手托奔巴壺，右手持念珠。半跏趺坐
於圓邊三角形覆蓮底座上，底座正面下沿刻「嘛
呼噶達天菩薩」名稱。供於西壁第一層第八龕。

圖 570　飲光天菩薩
Kāśyapa

通高 13.5 公分，底座寬 11 公分。

F5Sf：9（故 199892 9/122）

菩薩為一面二臂。頭戴五葉冠，葫蘆形髮髻，
耳後有束髮繒帶，寂靜相。袒露上身，肩披帛
帶，下身著裙，佩飾耳璫、項鍊、臂釧、手鐲、
腳鐲。左手托奔巴壺，右手施期克印。半跏趺
坐於圓邊三角形覆蓮底座上，底座正面下沿刻
「飲光天菩薩」名稱。供於西壁第一層第九龕。

圖 571　高達嘛天菩薩　　　　　　　　　　　　圖 572　火天

圖 571　高達嘛天菩薩
Gautama

通高 13.5 公分，底座寬 11 公分。

F5Sf：10（故 199892 10/122）

菩薩為一面二臂。頭戴五葉冠，葫蘆形髮髻，
耳後有束髮繒帶，寂靜相。袒露上身，肩披帛
帶，下身著裙，佩飾耳璫、項鍊、臂釧、手鐲、
腳鐲。左手托奔巴壺，右手持念珠。半跏趺坐
於圓邊三角形覆蓮底座上，底座正面下沿刻「高
達嘛天菩薩」名稱。供於西壁第一層第十龕。

圖 572　火天
Agni

通高 13 公分，底座寬 11 公分。

F5Sf：11（故 199892 11/122）

神為一面二臂。頭戴五葉冠，葫蘆形髮髻，耳
後有束髮繒帶，寂靜相。袒露上身，肩披帛帶，
下身著裙，佩飾耳璫、項鍊、臂釧、手鐲、腳鐲。
雙手無持物，各施手印。半跏趺坐於圓邊三角
形覆蓮底座上，底座正面下沿刻「火天」名稱。
供於西壁第一層第十一龕。

圖 573　善稱名揚天菩薩

Svaraviśruti

通高 13.5 公分，底座寬 11 公分。

F5Sf：12（故 199892 12/122）

菩薩為一面二臂。頭戴五葉冠，葫蘆形髮髻，
耳後有束髮繒帶，寂靜相。袒露上身，肩披帛
帶，下身著裙，佩飾耳璫、項鍊、臂釧、手鐲、
腳鐲。雙手無持物，各施手印。半跏趺坐於圓
邊三角形覆蓮底座上，底座正面下沿刻「善稱
名揚天菩薩」名稱。供於西壁第一層第十二龕。

圖 574　速急意天菩薩

Manojava

通高 13.5 公分，底座寬 11 公分。

F5Sf：13（故 199892 13/122）

菩薩為一面二臂。頭戴五葉冠，葫蘆形髮髻，
耳後有束髮繒帶，寂靜相。袒露上身，肩披帛
帶，下身著裙，佩飾耳璫、項鍊、臂釧、手鐲、
腳鐲。雙手無持物，各施手印。半跏趺坐於圓
邊三角形覆蓮底座上，底座正面下沿刻「速急
意天菩薩」名稱。供於西壁第一層第十三龕。

圖 575　基呼底噶天

Kārttikeya

通高 17 公分，底座寬 13.5 公分。

F5Sf：14（故 199892 14/122）

神為一面二臂。頭戴五葉冠，葫蘆形髮髻，耳
後有束髮繒帶，寂靜相。袒露上身，肩披帛帶，
下身著裙，佩飾耳璫、項鍊、臂釧、手鐲、腳鐲。
左手持槍，右手持拂塵。遊戲坐於鳳鳥背上。
鳳鳥下為橢圓形覆蓮底座，底座正面下沿刻「基
呼底噶天」名稱。供於西壁第二層第一龕。

圖 573　善稱名揚天菩薩

圖 574　速急意天菩薩

圖 575　基呼底噶天

圖 576　梵王天
Brahma

通高 17 公分，底座寬 13.5 公分。

「55f：15（故 199002 15/122）

神為三面四臂。頭戴五葉冠，葫蘆形髮髻，寂
靜相。袒露上身，肩披帛帶，下身著裙，佩飾
耳璫、項鍊、臂釧、手鐲、腳鐲。左元手持蓮花，
右元手持念珠；左副手托奔巴壺，右副手持傘。
全跏趺坐於大鵝背上。大鵝下為橢圓形覆蓮底
座，底座正面下沿刻「梵王天」名稱。供於西
壁第二層第二龕。

圖 577　遍入天
Viṣṇu

通高 17 公分，底座寬 13.5 公分。

「55f：16（故 199002 16/122）

神為一面四臂。頭戴五葉冠，葫蘆形髮髻，耳
後有束髮繒帶，寂靜相。袒露上身，肩披帛帶，
下身著裙，佩飾耳璫、項鍊、臂釧、手鐲、腳
鐲。左元手持法輪，右元手持拂塵；左副手持
長柄金剛錘，右副手持槍。右舒坐於大鵬金翅
鳥背上，鳥嘴叼一蛇。鳥下為橢圓形覆蓮底座，
底座正面下沿刻「遍入天」名稱。供於西壁第
二層第三龕。

圖 576　梵王天

圖 577　遍入天

圖 578　大自在天
Maheśvara

通高 17 公分，底座寬 13.5 公分。

F5Sf：17（故 199892 17/122）

神為一面三目四臂。頭戴五葉冠，葫蘆形髮髻，
耳後有束髮繒帶，寂靜相。袒露上身，肩披帛
帶，下身著裙，佩飾耳璫、肋腰頭項鬘、臂釧、
手鐲、腳鐲。左元手捧嘎巴拉碗，右元手持鉞
刀；左副手持一兵器，兵器頭部佚失，右副手
持嘎巴拉鼓。左舒坐於牛背上。牛下為橢圓形
覆蓮底座，底座正面下沿刻「大自在天」名稱。
供於西壁第二層第四龕。

圖 579　花光鬘天菩薩
Raśmimālin

通高 17 公分，底座寬 13.5 公分。

F5Sf：18（故 199892 18/122）

菩薩為一面二臂。頭戴五葉冠，葫蘆形髮髻，
耳後有束髮繒帶，寂靜相。袒露上身，肩披帛
帶，下身著裙，佩飾耳璫、項鍊、臂釧、手鐲、
腳鐲。左手掌豎立，右手平伸撫膝。半跏趺坐
於圓邊三角形覆蓮底座上，底座正面下沿刻「花
光鬘天菩薩」名稱。供於西壁第二層第五龕。

圖 578　大自在天

圖 579　花光鬘天菩薩

圖 580　自在天
Īśvara

通高 17 公分，底座寬 13.5 公分。

F5Sf：19（故 199892 19/122）

神為一面二臂。頭戴五葉冠，葫蘆形髮髻，耳
後有束髮繒帶，寂靜相。袒露上身，肩披帛帶，
下身著裙，佩飾耳璫、項鍊、臂釧、手鐲、腳鐲。
左手下垂於左腿後撫蓮座，右手平伸撫膝。半
跏趺坐於圓邊三角形覆蓮底座上，底座正面下
沿刻「自在天」名稱。供於西壁第二層第六龕。

圖 581　威光蘊頂菩薩
Tejorāśyuṣṇīṣa

通高 17 公分，底座寬 13.5 公分。

F5Sf：20（故 199892 20/122）

菩薩為一面二臂。頭戴五葉冠，葫蘆形髮髻，
耳後有束髮繒帶，寂靜相。袒露上身，肩披帛
帶，下身著裙，佩飾耳璫、項鍊、臂釧、手鐲、
腳鐲。雙手捧五葉冠。半跏趺坐於圓邊三角形
覆蓮底座上，底座正面下沿刻「威光蘊頂菩薩」
名稱，供於西壁第二層第七龕。

圖 580　自在天

圖 581　威光蘊頂菩薩

圖 582　最能散鹿菩薩　　　　　　　　　　　　　　　圖 583　尊勝菩薩

圖 582　最能散鹿菩薩

Vikiraṇoṣṇīṣa

通高 17 公分，底座寬 13.5 公分。

F5Sf：21（故 199892 21/122）

菩薩為一面二臂。頭戴五葉冠，葫蘆形髮髻，
耳後有束髮繒帶，寂靜相。袒露上身，肩披帛
帶，胸前斜披絡腋，下身著裙，佩飾耳璫、項
鍊、臂釧、手鐲、腳鐲。雙手持長鉤。半跏趺
坐於圓邊三角形覆蓮底座上，底座正面下沿刻
「最能散鹿菩薩」名稱。供於西壁第二層第八
龕。

圖 583　尊勝菩薩

Vijayoṣṇīṣa

通高 17 公分，底座寬 13.5 公分。

F5Sf：22（故 199892 22/122）

菩薩為一面二臂。頭戴五葉冠，葫蘆形髮髻，
耳後有束髮繒帶，寂靜相。袒露上身，肩披帛
帶，下身著裙，佩飾耳璫、項鍊、臂釧、手鐲、
腳鐲。雙手捧持法輪。半跏趺坐於圓邊三角形
覆蓮底座上，底座正面下沿刻「尊勝菩薩」名
稱。供於西壁第二層第九龕。

圖 584　佛頂菩薩

圖 585　白傘蓋菩薩

圖 584　佛頂菩薩

Jayoṣṇīṣa

通高 17 公分，底座寬 13.5 公分。

F5Sf：23（故 199892 23/122）

菩薩為一面二臂。頭戴五葉冠，葫蘆形髮髻，
耳後有束髮繒帶，寂靜相。袒露上身，肩披帛
帶，下身著裙，佩飾耳璫、項鍊、臂釧、手鐲、
腳鐲。左手掌心朝下，平伸放在左足上；右手
持火焰寶劍。半跏趺坐於圓邊三角形覆蓮底座
上，底座正面下沿刻「佛頂菩薩」名稱。供於
西壁第二層第十龕。

圖 585　白傘蓋菩薩

Sitātapatroṣṇīṣa

通高 17 公分，底座寬 13.5 公分。

F5Sf：24（故 199892 24/122）

菩薩為一面二臂。頭戴五葉冠，葫蘆形髮髻，
耳後有束髮繒帶，寂靜相。袒露上身，肩披帛
帶，下身著裙，佩飾耳璫、項鍊、臂釧、手鐲、
腳鐲。雙手舉圓蓋。半跏趺坐於圓邊三角形覆
蓮底座上，底座正面下沿刻「白傘蓋菩薩」名
稱。供於西壁第二層第十一龕。

圖 586 無邊聲音菩薩

Anantasvara-Ghoṣoṣṇīṣa

通高 17 公分，底座寬 13.5 公分。

F5Sf：25（故 199892 25/122）

菩薩為一面二臂。頭戴五葉冠，葫蘆形髮髻，
耳後有束髮繒帶，寂靜相。袒露上身，肩披帛
帶，下身著裙，佩飾耳璫、項鍊、臂釧、手鐲、
腳鐲。雙手捧海螺於胸前。半跏趺坐於圓邊三
角形覆蓮底座上，底座正面下沿刻「無邊聲音
菩薩」名稱。供於西壁第二層第十二龕。

圖 587 大唇金剛

Mahoṣṭhavajra

通高 19.5 公分，底座寬 16 公分。

F5Sf：26（故 199892 26/122）

金剛為一面三目二臂，頭戴五葉冠，赤髮高聳，
耳後有束髮繒帶，忿怒相。赤裸全身，肩披帛
帶，腰束虎皮裙，佩飾耳環、項鍊、念珠、臂釧、
手鐲、腳鐲，除耳環和念珠外，其餘飾件均由
蛇纏繞而成。左手持金剛鈴，右手舉金剛杵。
展左立於橢圓形覆蓮底座上，底座正面下沿刻
「大唇金剛」名稱。供於西壁第三層第一龕。

圖 586 無邊聲音菩薩

圖 587 大唇金剛

388

圖 588　大勝菩薩

Mahābhāga

通高 19.5 公分，底座寬 16 公分。

F5Sf：27（故 199892 27/122）

菩薩為一面二臂。頭戴五葉冠，葫蘆形髮髻，
耳後有束髮繒帶，寂靜相。袒露上身，肩披帛
帶，下身著裙，佩飾耳璫、項鍊、臂釧、手鐲、
腳鐲。左手按在左腿上，右手持金剛杵。右舒
坐於圓邊三角形覆蓮底座上，底座正面下沿刻
「大勝菩薩」名稱。供於西壁第三層第二龕。

圖 589　金剛齒菩薩

Vajradaṃṣṭra

通高 19.5 公分，底座寬 16 公分。

F5Sf：28（故 199892 28/122）

菩薩為一面二臂。頭戴五葉冠，葫蘆形髮髻，
耳後有束髮繒帶，寂靜相。袒露上身，肩披帛
帶，下身著裙，佩飾耳璫、項鍊、臂釧、手鐲、
腳鐲。左手捏住裙子放在左腿上，右手持一兩
頭出尖狀物。右舒坐於圓邊三角形覆蓮底座上，
底座正面下沿刻「金剛齒菩薩」名稱。供於西
壁第二層第二龕。

圖 588　大勝菩薩

圖 589　金剛齒菩薩

389

圖 590　金剛輪菩薩

Vajracakra

通高 19.5 公分，底座寬 16 公分。

F5Sf：29（故 199892 29/122）

菩薩為一面二臂。頭戴五葉冠，葫蘆形髮髻，
耳後有束髮繒帶，寂靜相。袒露上身，肩披帛
帶，下身著裙，佩飾耳璫、項鍊、臂釧、手鐲、
腳鐲。左手按在左腿上，右手持金剛杵。右舒
坐於圓邊三角形覆蓮底座上，底座正面下沿刻
「金剛輪菩薩」名稱。供於西壁第三層第四龕。

圖 591　美名佛母

Yaśodharā

通高 19.5 公分，底座寬 16 公分。

F5Sf：30（故 199892 30/122）

佛母為一面二臂。頭戴五葉冠，葫蘆形髮髻，
耳後有束髮繒帶，寂靜相。袒露上身，肩披帛
帶，下身著裙，佩飾耳璫、項鍊、臂釧、手鐲、
腳鐲。雙手捧蓮花。半跏趺坐於圓邊三角形覆
蓮底座上，底座正面下沿刻「美名佛母」名稱。
供於西壁第三層第五龕。

圖 590　金剛輪菩薩

圖 591　美名佛母

圖 592　大勢至菩薩

Mahāsthāmaprāpta

通高 19.5 公分，底座寬 16 公分。

F5Sf：31（故 199892 31/122）

菩薩為一面二臂。頭戴五葉冠，葫蘆形髮髻，
耳後有束髮繒帶，寂靜相。袒露上身，肩披帛
帶，下身著裙，佩飾耳璫、項鍊、臂釧、手鐲、
腳鐲。左手持蓮花，右手施說法印。半跏趺坐
於圓邊三角形覆蓮底座上，底座正面下沿刻「大
勢至菩薩」名稱。供於西壁第三層第六龕。

圖 593　顰眉佛母

Bhṛkuṭī

通高 19.5 公分，底座寬 16 公分。

F5St：32（故 199892 32/122）

佛母為一面二臂。頭戴五葉冠，葫蘆形髮髻，
耳後有束髮繒帶，寂靜相。袒露上身，肩披帛
帶，下身著裙，佩飾耳璫、項鍊、臂釧、手鐲、
腳鐲。雙手於胸前各施說法印，並持念珠。半
跏趺坐於圓邊三角形覆蓮底座上，底座正面下
沿刻「顰眉佛母」名稱。供於西壁第三層第七
龕。

圖 592　大勢至菩薩

圖 593　顰眉佛母

391

圖 594　藍救度佛母　　　　　　　　　　　　　　　　　　圖 595　觀自在菩薩

圖 594　藍救度佛母
Tārā

通高 19.5 公分，底座寬 16 公分。

F5Sf：33（故 199892 33/122）

佛母為一面二臂。頭戴五葉冠，葫蘆形髮髻，
耳後有束髮繒帶，寂靜相。袒露上身，肩披帛
帶，下身著裙，佩飾耳璫、項鍊、臂釧、手鐲、
腳鐲。雙手合十，並持蓮花，蓮花下托卷草紋。
半跏趺坐於圓邊三角形覆蓮底座上，底座正面
下沿刻「藍救度佛母」名稱。供於西壁第三層
第八龕。

圖 595　觀自在菩薩
Avalokiteśvara

通高 19.5 公分，底座寬 16 公分。

F5Sf：34（故 199892 34/122）

菩薩為一面二臂。頭戴五葉冠，葫蘆形髮髻，
耳後有束髮繒帶，寂靜相。袒露上身，肩披帛
帶，下身著裙，佩飾耳璫、項鍊、臂釧、手鐲、
腳鐲。左手持蓮花，右手施說法印。半跏趺坐
於圓邊三角形覆蓮底座上，底座正面下沿刻「觀
自在菩薩」名稱。供於西壁第三層第九龕。

圖 596　虛空目菩薩

圖 597　宏光顯耀菩提佛

圖 596　虛空目菩薩

Gaganalocanā

通高 19.5 公分，底座寬 16 公分。

F5Sf：35（故 199892 35/122）

菩薩為一面二臂。頭戴五葉冠，葫蘆形髮髻，耳後有束髮繒帶，寂靜相。袒露上身，肩披帛帶，下身著裙，佩飾耳璫、項鍊、臂釧、手鐲、腳鐲。雙手施禪定印，掌心上托五葉冠。半跏趺坐於圓邊三角形覆蓮底座上，底座正面下沿刻「虛空目菩薩」名稱。供於西壁第三層第十龕。

圖 597　宏光顯耀菩提佛

Vairocanabhisaṃbodni

通高 19.5 公分，底座寬 16 公分。

F5Sf：36（故 199892 36/122）

佛為一面二臂。頭戴五葉冠，葫蘆形髮髻，耳後有束髮繒帶，寂靜相。袒露上身，肩披帛帶，胸前斜披絡腋，下身著裙，佩飾耳璫、項鍊、臂釧、手鐲、腳鐲。雙手施禪定印。全跏趺坐於圓邊三角形覆蓮底座上，底座正面下沿刻「宏光顯耀菩提佛」名稱。供於西壁第三層第十一龕。

圖 598　能壞惡眼金剛

Vajrapadma-Viśālanetra (?)

通高 16.5 公分，底座寬 13.5 公分。

F5Sf：37（故 199892 37/122）

金剛為一面三目二臂。頭戴五葉冠，赤髮高聳，耳後有束髮繒帶，忿怒相。赤裸全身，肩披帛帶，腰束虎皮裙，佩飾耳環、項鍊、臂釧、手鐲、腳鐲，胸前項鍊上纏繞蛇。左手持金剛鈴，右手舉蓮花。展左立於橢圓形覆蓮底座上，底座正面下沿刻「能壞惡眼金剛」名稱。供於西壁第四層第一龕。

圖 599　令甚調伏金剛

Vajrāga (?)

通高 16 公分，底座寬 13 公分。

F5Sf：38（故 199892 38/122）

金剛為一面三目二臂。頭戴五葉冠，赤髮高聳，耳後有束髮繒帶，忿怒相。赤裸全身，肩披帛帶，腰束虎皮裙，佩飾耳環、項鍊、臂釧、手鐲、腳鐲，其中項鍊、臂釧、手鐲、腳鐲上各纏繞一蛇。左手持金剛鈴，右手舉三尖叉。展左立於橢圓形覆蓮底座上，底座正面下沿刻「令甚調伏金剛」名稱。供於西壁第四層第二龕。

圖 600　普持金剛

Suvajradhara (?)

通高 16 公分，底座寬 13 公分。

F5Sf：39（故 199892 39/122）

金剛為一面三目二臂。頭戴五葉冠，赤髮高聳，耳後有束髮繒帶，忿怒相。赤裸全身，肩披帛帶，腰束虎皮裙，佩飾耳環、項鍊、臂釧、手鐲、腳鐲，其中項鍊、臂釧、手鐲、腳鐲上各纏繞一蛇。左手持金剛鈴，右手舉摩尼寶。展左立於橢圓形覆蓮底座上，底座正面下沿刻「普持金剛」名稱。供於西壁第四層第三龕。

圖 598　能壞惡眼金剛

圖 599　令甚調伏金剛

圖 600　普持金剛

圖 601　令安金剛

Śivavajra

通高 16.5 公分，底座寬 13.5 公分。

F5Sf：40（故 199892 40/122）

金剛為一面三目二臂。頭戴五葉冠，赤髮高聳，耳後有束髮繒帶，忿怒相。赤裸全身，肩披帛帶，腰束虎皮裙，佩飾耳環、項鍊、臂釧、手鐲、腳鐲，其中項鍊、臂釧、手鐲、腳鐲卜各纏繞一蛇。左手持金剛鈴，右手舉骷髏杖。展左立於橢圓形覆蓮底座上，底座正面下沿刻「令安金剛」名稱。供於西壁第四層第四龕。

圖 602　無垢虛空菩薩

Gananāmala

通高 16.5 公分，底座寬 13.5 公分。

F5Sf：41（故 199892 41/122）

菩薩為一面三目二臂。頭戴五葉冠，赤髮高聳，耳後有束髮繒帶，忿怒相。赤裸全身，肩披帛帶，腰束虎皮裙，佩飾耳環、項鍊、念珠、臂釧、手鐲、腳鐲。左手施期克印，右手舉金剛杵。展左立於圓邊三角形覆蓮底座上，底座正面下沿刻「無垢虛空菩薩」名稱。供於西壁第四層第五龕。

圖 603　忿怒妙月金剛

Krodhacandratilaka

通高 16 公分，底座寬 13.5 公分。

F5Sf：42（故 199892 42/122）

金剛為一面三目十臂。頭戴五葉冠，葫蘆形髮髻，耳後有束髮繒帶，寂靜相。祖露上身，肩披帛帶，胸前斜披絡腋，下身著裙，佩飾耳璫、項鍊、臂釧、手鐲、腳鐲。十隻手各持一金剛杵。半跏趺坐於橢圓形覆蓮底座上，底座正面下沿刻「忿怒妙月金剛」名稱。供於西壁第四層第六龕。

圖 601　令安金剛

圖 602　無垢虛空菩薩

圖 603　忿怒妙月金剛

圖 604　金剛鎖佛母

Vajraśṛṅkhalā

通高 16.5 公分，底座寬 13.5 公分。

F5Sf：43（故 199892 43/122）

佛母為一面二臂。頭戴五葉冠，葫蘆形髮髻，耳後有束髮繒帶，寂靜相。袒露上身，肩披帛帶，胸前斜披絡腋，下身著裙，佩飾耳璫、項鍊、臂釧、手鐲、腳鐲。雙手施說法印，並持金剛鎖鏈。半跏趺坐於圓邊三角形覆蓮底座上，底座正面下沿刻「金剛鎖佛母」名稱。供於西壁第四層第七龕。

圖 605　金剛尖佛母

Vajrasūci

通高 16.5 公分，底座寬 13.5 公分。

F5Sf：44（故 199892 44/122）

佛母為一面二臂。頭戴五葉冠，葫蘆形髮髻，耳後有束髮繒帶，寂靜相。袒露上身，肩披帛帶，下身著裙，佩飾耳璫、項鍊、臂釧、手鐲、腳鐲。雙手胸前相交，施無畏印。半跏趺坐於圓邊三角形覆蓮底座上，底座正面下沿刻「金剛尖佛母」名稱。供於西壁第四層第八龕。

圖 604　金剛鎖佛母

圖 605　金剛尖佛母

圖 606　嘛嘛基佛母

Māmakī

通高 16.5 公分，底座寬 13.5 公分。

F5Sf：45（故 199892 45/122）

佛母為一面二臂。頭戴五葉冠，胡蘆形髮髻，
耳後有束髮繒帶，寂靜相。袒露上身，肩披帛
帶，胸前斜披絡腋，下身著裙，佩飾耳璫、項
鍊、臂釧、手鐲、腳鐲。左手持金剛杵，右手
托金剛立杵。半跏趺坐於圓邊三角形覆蓮底座
上，底座正面下沿刻「嘛嘛基佛母」名稱。供
於西壁第四層第九龕。

圖 607　藍手持金剛

Vajrapāṇi

通高 16.5 公分，底座寬 13.5 公分。

F5Sf：46（故 199892 46/122）

金剛為一面二臂。頭戴五葉冠，胡蘆形髮髻，
耳後有束髮繒帶，寂靜相。袒露上身，肩披帛
帶，胸前斜披絡腋，下身著裙，佩飾耳璫、項
鍊、臂釧、手鐲、腳鐲。左手施期克印，右手
持金剛杵。半跏趺坐於圓邊三角形覆蓮底座上，
底座正面下沿刻「藍手持金剛」名稱。供於西
壁第四層第十龕。

圖 606　嘛嘛基佛母

圖 607　藍手持金剛

圖 608 馬頭金剛

Hayagrīva

通高 16.5 公分，底座寬 13.5 公分。

F5Sf：47（故 199892 47/122）

金剛為一面三目二臂。頭戴五葉冠，赤髮高聳，
髮間有一馬頭，耳後有束髮繒帶，忿怒相。亦
裸全身，肩披帛帶，腰束虎皮裙，佩飾耳環、
項鍊、臂釧、手鐲、腳鐲。左手施期克印，右
手高舉骷髏杖。展左立於橢圓形覆蓮底座上，
底座正面下沿刻「馬頭金剛」名稱。供於西壁
第四層第十一龕。

圖 608　馬頭金剛

400

圖 609　白衣佛母

Pāṇḍaravāsinī

通高 17 公分，底座寬 13.5 公分。

F5Sf：48（故 199892 48/122）

佛母為一面五目二臂，面上三目，雙手掌心中
各有二目。頭戴五葉冠，葫蘆形髮髻，耳後有
束髮繒帶，寂靜相。袒露上身，肩披帛帶，下
身著裙，佩飾耳璫、項鍊、臂釧、手鐲、腳鐲。
左手執蓮花莖，蓮花置於左肩；右手施與願印。
全跏趺坐於圓邊三角形覆蓮底座上，底座正面
下沿刻「白衣佛母」名稱。供於西壁第四層第
十二龕。

圖 610　調伏生手持金剛

Bhūtaḍāmara Vajrapāṇi

通高 13 公分，底座寬 11 公分。

F5Sf：49（故 199892 49/122）

金剛為一面三目四臂。頭戴五葉冠，赤髮高聳，
耳後有束髮繒帶，忿怒相。赤裸全身，肩披帛
帶，腰束虎皮裙，佩飾耳環、項鍊、臂釧、手鐲、
腳鐲，此中項鍊、臂釧、手鐲、腳鐲上各纏繞
一蛇。左右元手於胸前相交，施期克印；左副
手持羂索，右副手舉金剛杵，展左立於橢圓形
覆蓮底座上，底座正面下沿刻「調伏生手持金
剛」名稱。供於西壁第五層第一龕。

圖 609　白衣佛母

圖 610　調伏生手持金剛

圖 611　護魔金剛

Nīlavajra (?)

通高 13 公分，底座寬 11 公分。

F5Sf：50（故 199892 50/122）

金剛為一面三目二臂。頭戴五葉冠，赤髮高聳，耳後有束髮繒帶，忿怒相。赤裸全身，肩披帛帶，腰束虎皮裙，佩飾耳環、項鍊、臂釧、手鐲、腳鐲，其中項鍊、臂釧、手鐲、腳鐲上各纏繞一蛇。左手持金剛鈴，右手舉寶劍。展左立於橢圓形覆蓮底座上，底座正面下沿刻「護魔金剛」名稱。供於西壁第五層第二龕。

圖 612　勝敵金剛

Aprapañcavihārin (?)

通高 13 公分，底座寬 11 公分。

F5Sf：51（故 199892 51/122）

金剛為一面三目二臂。頭戴五葉冠，赤髮高聳，耳後有束髮繒帶，忿怒相。赤裸全身，肩披帛帶，腰束虎皮裙，佩飾耳環、項鍊、臂釧、手鐲、腳鐲，其中項鍊、臂釧、手鐲、腳鐲上各纏繞一蛇。左手持金剛鈴，右手舉金剛交杵。展左立於橢圓形覆蓮底座上，底座正面下沿刻「勝敵金剛」名稱。供於西壁第五層第三龕。

圖 611　護魔金剛

圖 612　勝敵金剛

人生因藝術而豐富·藝術因人生而發光

藝術家書友卡

感謝您購買本書，這一小張回函卡將建立
您與本社間的橋樑。我們將參考您的意見
，出版更多好書，及提供您最新書訊和優
惠價格的依據，謝謝您填寫此卡並寄回。

1.您買的書名是

2.您從何處得知本書：

　□藝術家雜誌　□報章媒體　□廣告書訊　□逛書店　□親友介紹

　□網站介紹　　□讀書會　　□其他

3.購買理由：

　□作者知名度　□書名吸引　□實用需要　□親朋推薦　□封面吸引

　□其他

4.購買地點：　　　　　　　　　　　市（縣）　　　　　　　　書店

　□劃撥　　　　□書展　　　　□網站線上

5.對本書意見：（請填代號 1.滿意 2.尚可 3.再改進，請提供建議）

　□內容　　　　□封面　　　　□編排　　　□價格　　　□紙張

　□其他建議

6.您希望本社未來出版？（可複選）

　□世界名畫家　　□中國名畫家　　□著名畫派畫論　　□藝術欣賞

　□美術行政　　　□建築藝術　　　□公共藝術　　　　□美術設計

　□繪畫技法　　　□宗教美術　　　□陶瓷藝術　　　　□文物收藏

　□兒童美育　　　□民間藝術　　　□文化資產　　　　□藝術評論

　□文化旅遊

您推薦　　　　　　　　　　作者 或　　　　　　　　　　類書籍

7.您對本社叢書　□經常買　□初次買　□偶而買

藝術家雜誌社　收

100　台北市重慶南路一段147號6樓

6F, No.147, Sec.1, Chung-Ching S. Rd., Taipei, Taiwan, R.O.C.

Artist

姓　　名：＿＿＿＿＿＿＿　　性別：男□ 女□ 年齡：＿＿＿＿

現在地址：＿＿＿＿＿＿＿＿＿＿＿＿＿＿＿＿＿＿＿＿＿

永久地址：＿＿＿＿＿＿＿＿＿＿＿＿＿＿＿＿＿＿＿＿＿

電　　話：日／＿＿＿＿＿＿　　手機／＿＿＿＿＿＿

E-Mail：＿＿＿＿＿＿＿＿＿＿＿＿＿＿＿＿＿＿＿＿

在　　學：□ 學歷：＿＿＿＿＿＿　　職業：＿＿＿＿＿

您是藝術家雜誌：□今訂戶　□曾經訂戶　□零購者　□非讀者

客戶服務專線：**(02)23886715**　E-Mail：**art.books@msa.hinet.ne**

圖 613　調伏毒惡金剛

Gaganānantavi-krama (?)

通高 13 公分，底座寬 11 公分。

F5Sf：52（故 199892 52/122）

金剛為一面三目二臂。頭戴五葉冠，赤髮高聳，
耳後有束髮繒帶，忿怒相。赤裸全身，肩披帛
帶，腰束虎皮裙，佩飾耳環、項鍊、念珠、臂釧、
手鐲、腳鐲，其中項鍊、臂釧、手鐲、腳鐲上
各纏繞一蛇。左手持金剛鈴，右手高舉鉞刀。
展左立於橢圓形覆蓮底座上，底座正面下沿刻
「調伏毒惡金剛」名稱。供於西壁第五層第四
龕。

圖 614　勝發頂菩薩

Abhyudgatoṣnīsa

通高 13.5 公分，底座寬 11.1 公分。

F5Sf：53（故 199002 53/122）

菩薩為一面二臂。頭戴五葉冠，葫蘆形髮髻，
耳後有束髮繒帶，寂靜相。袒露上身，肩披帛
帶，下身著裙，佩飾耳璫、項鍊、臂釧、手鐲、
腳鐲。左手施禪定印，右手施期克印，雙手合
執蓮花莖，蓮花置於右肩。半跏趺坐於圓邊三
角形覆蓮底座上，底座正面下沿刻「勝發頂菩
薩」名稱。供於西壁第九層第五龕。

圖 613　調伏毒惡金剛

圖 614　勝發頂菩薩

403

圖 615　大發頂菩薩
Mahodgatoṣṇīṣa

通高 13.5 公分，底座寬 11.1 公分。

F5Sf：54（故 199892 54/122）

菩薩為一面二臂。頭戴五葉冠，葫蘆形髮髻，耳後有束髮繒帶，寂靜相。袒露上身，肩披帛帶，胸前斜披絡腋，下身著裙，佩飾耳璫、項鍊、臂釧、手鐲、腳鐲。雙手於胸前各持一金剛杵。半跏趺坐於圓邊三角形覆蓮底座上，底座正面下沿刻「大發頂菩薩」名稱。供於西壁第五層第六龕。

圖 616　白毫佛母
Ūrṇā

通高 13.5 公分，底座寬 11 公分。

F5Sf：55（故 199892 55/122）

佛母為一面二臂。頭戴五葉冠，葫蘆形髮髻，耳後有束髮繒帶，寂靜相。袒露上身，肩披帛帶，下身著裙，佩飾耳璫、項鍊、臂釧、手鐲、腳鐲。左手施禪定印，並托摩尼寶；右手施說法印。半跏趺坐於圓邊三角形覆蓮底座上，底座正面下沿刻「白毫佛母」名稱。供於西壁第五層第七龕。

圖 617　眼光菩薩
Buddhalocanā

通高 13.5 公分，底座寬 11 公分。

F5Sf：56（故 199892 56/122）

菩薩為一面二臂。頭戴五葉冠，葫蘆形髮髻，耳後有束髮繒帶，寂靜相。袒露上身，肩披帛帶，下身著裙，佩飾耳璫、項鍊、臂釧、手鐲、腳鐲。雙手施禪定印，掌心上托五葉冠，冠頂立金剛杵。半跏趺坐於圓邊三角形覆蓮底座上，底座正面下沿刻「眼光菩薩」名稱。供於西壁第五層第八龕。

圖 615　大發頂菩薩

圖 616　白毫佛母

圖617　眼光菩薩

圖 618　釋迦牟尼佛
Śākyamuni

通高 13.5 公分，底座寬 11 公分。

F5Sf：57（故 199892 57/122）

佛為一面二臂。螺髮高髻，寂靜相。身著袒右肩式袈裟，下身著裙。雙手施說法印。全跏趺坐於圓邊三角形覆蓮底座上，底座正面下沿刻「釋迦牟尼佛」名稱。供於西壁第五層第九龕。

圖 619　現前菩薩
Abhimukha

通高 13.4 公分，底座寬 11 公分。

F5Sf：58（故 199892 58/122）

菩薩為一面二臂。頭戴五葉冠，葫蘆形髮髻，耳後有束髮繒帶，寂靜相。袒露上身，肩披帛帶，胸前斜披絡腋，下身著裙，佩飾耳璫、項鍊、臂釧、手鐲、腳鐲。雙手持圓杖。半跏趺坐於圓邊三角形覆蓮底座上，底座正面下沿刻「現前菩薩」名稱。供於西壁第五層第十龕。

圖 620　調伏難調菩薩
Durdharṣa

通高 13.4 公分，底座寬 11 公分。

F5Sf：59（故 199892 59/122）

菩薩為一面二臂。頭戴五葉冠，葫蘆形髮髻，耳後有束髮繒帶，寂靜相。袒露上身，肩披帛帶，下身著裙，佩飾耳璫、項鍊、臂釧、手鐲、腳鐲。左手施無畏印；右手施禪定印，掌心上托一弓。半跏趺坐於圓邊三角形覆蓮底座上，底座正面下沿刻「調伏難調菩薩」名稱。供於西壁第五層第十一龕。

圖 621　能勝三界菩薩
Trailokyavijaya

通高 13.4 公分，底座寬 11 公分。

F5Sf：60（故 199892 60/122）

菩薩為一面二臂。頭戴五葉冠，葫蘆形髮髻，耳後有束髮繒帶，寂靜相。袒露上身，肩披帛帶，胸前斜披絡腋，下身著裙，佩飾耳璫、項鍊、臂釧、手鐲、腳鐲。兩手相合，右手蓋在左手上。半跏趺坐於圓邊三角形覆蓮底座上，底座正面下沿刻「能勝三界菩薩」名稱。供於西壁第五層第十二龕。

圖 622　不動金剛
Acala

通高 13.4 公分，底座寬 11.4 公分。

F5Sf：61（故 199892 61/122）

金剛為一面三目二臂。頭戴五葉冠，葫蘆形髮髻，耳後有束髮繒帶，寂靜相。袒露上身，肩披帛帶，下身著裙，佩飾耳璫、項鍊、臂釧、手鐲、腳鐲。左手持羂索，右手舉寶劍。半跏趺坐於圓邊三角形覆蓮底座上，底座正面下沿刻「不動金剛」名稱。供於西壁第五層第十三龕。

圖 623
五室東壁佛格

圖 618　釋迦牟尼佛

圖 619 現前菩薩

圖 621 能勝三界菩薩

圖 620 調伏難調菩薩

圖 622 不動金剛

408

圖623　五室東壁佛格

五室東壁佛格佛像

圖 624　馬頂金剛

Hayagrīva

通高 13.5 公分，底座寬 10.3 公分。

F5Sf：62（故 199892 62/122）

金剛為一面三目二臂。頭戴五葉冠，赤髮高聳，且後有束髮繒帶，忿怒相。赤裸全身，肩披帛帶，腰束虎皮裙，佩飾耳環、項鍊、念珠、臂釧、手鐲、腳鐲。左手持圓棒，右手施說法印。展左立於橢圓形覆蓮底座上，底座正面下沿刻「馬頂金剛」名稱。供於東壁第一層第一龕。

圖 625　忿怒母

Bhṛkuṭī

通高 13.4 公分，底座寬 11 公分。

F5Sf：63（故 199892 63/122）

神為一面四臂。頭戴五葉冠，葫蘆形髮髻，耳後有束髮繒帶，寂靜相。袒露上身，肩披帛帶，下身著裙，佩飾耳璫、項鍊、臂釧、手鐲、腳鐲。左元手施無畏印，右元手持珊瑚枝；左副手持物佚失，右副手托奔巴壺。右舒坐於圓邊三角形覆蓮底座上，底座正面下沿刻「忿怒母」名稱。供於東壁第一層第二龕。

圖 626　妙寶童子

Sudhanakumāra

通高 13.3 公分，底座寬 11.1 公分。

F5Sf：64（故 199892 64/122）

童子為一面二臂。頭戴五葉冠，葫蘆形髮髻，耳後有束髮繒帶，寂靜相。袒露上身，肩披帛帶，下身著裙，佩飾耳璫、項鍊、臂釧、手鐲、腳鐲。雙手於胸前合十，指尖上托梵篋。右舒坐於圓邊三角形覆蓮底座上，底座正面下沿刻「妙寶童子」名稱。供於東壁第一層第三龕。

圖 624　馬頂金剛

圖 625　忿怒母

圖 626　妙寶童子

圖 627　救度母
Tārā

通高 13.7 公分，底座寬 11 公分。

F5Sf：65（故 199892 65/122）

神為一面二臂。頭戴五葉冠，葫蘆形髮髻，耳
後有束髮繒帶，寂靜相。袒露上身，肩披帛帶，
下身著裙，佩飾耳璫、項鍊、臂釧、手鐲、腳鐲。
左手施說法印，並執蓮花莖，蓮花置於左肩；
右手施與願印。右舒坐於圓邊三角形覆蓮底座
上，底座正面下沿刻「救度母」名稱。供於東
壁第一層第四龕。

圖 628　念佑菩薩
Paritrāṇāśayamati

通高 13.3 公分，底座寬 11 公分。

F5Sf：66（故 199892 66/122）

菩薩為一面二臂。頭戴五葉冠，葫蘆形髮髻，
耳後有束髮繒帶，寂靜相。袒露上身，肩披帛
帶，下身著裙，佩飾耳璫、項鍊、臂釧、手鐲、
腳鐲。雙手施手印無持物。半跏趺坐於圓邊三
角形覆蓮底座上，底座正面下沿刻「念佑菩薩」
名稱。供於東壁第一層第五龕。

圖 627　救度母

圖 628　念佑菩薩

413

圖 629　棄諸惡趣菩薩

圖 630　施無畏菩薩

圖 629　棄諸惡趣菩薩
Sarvāpāyaṃjaha

通高 14.1 公分，底座寬 11.2 公分。

F5Sf：67（故 199892 67/122）

菩薩為一面二臂。頭戴五葉冠，葫蘆形髮髻，
耳後有束髮繒帶，寂靜相。袒露上身，肩披帛
帶，下身著裙，佩飾耳璫、項鍊、臂釧、手鐲、
腳鐲。左手掌心朝下放在左腿上；右手平舉，
掌心朝上。半跏趺坐於圓邊三角形覆蓮底座上，
底座正面下沿刻「棄諸惡趣菩薩」名稱。供於
東壁第一層第六龕。

圖 630　施無畏菩薩
Sarvāsattvābhayaṃdada

通高 13.3 公分，底座寬 11 公分。

F5Sf：68（故 199892 68/122）

菩薩為一面二臂。頭戴五葉冠，葫蘆形髮髻，
耳後有束髮繒帶，寂靜相。袒露上身，肩披帛
帶，下身著裙，佩飾耳璫、項鍊、臂釧、手鐲、
腳鐲。左手施無畏印，右手平伸撫膝。半跏趺
坐於圓邊三角形覆蓮底座上，底座正面下沿刻
「施無畏菩薩」名稱。供於東壁第一層第七龕。

圖 631　奇妙菩薩　　　　　　　　　　　　　　　圖 632　除蓋障天母

圖 631　奇妙菩薩
Kautūhala

通高 14.1 公分，底座寬 11 公分。

F5Sf：69（故 199892 69/122）

菩薩為一面二臂。頭戴五葉冠，葫蘆形髮髻，
耳後有束髮繒帶，寂靜相。袒露上身，肩披帛
帶，下身著裙，佩飾耳璫、項鍊、臂釧、手鐲、
腳鐲。右手托寶瓶，左手護持。半跏趺坐於圓
邊三角形覆蓮底座上，底座正面下沿刻「奇妙
菩薩」名稱。供於東壁第一層第八龕。

圖 632　除蓋障天母
Sarvanīvaraṇaviṣkambhin

通高 13.4 公分，底座寬 11.1 公分。

F5Sf：70（故 199892 70/122）

天母為一面二臂。頭戴五葉冠，葫蘆形髮髻，
耳後有束髮繒帶，寂靜相。袒露上身，肩披帛
帶，下身著裙，佩飾耳璫、項鍊、臂釧、手鐲、
腳鐲。右手托摩尼寶，左手護持。半跏趺坐於
圓邊三角形覆蓮底座上，底座正面下沿刻「除
蓋障天母」名稱。供於東壁第一層第九龕。

圖 633　能拘天母

Ākarṣaṇī

通高 13.4 公分，底座寬 11 公分。

F5Sf：71（故 199892 71/122）

天母為一面二臂。頭戴五葉冠，葫蘆形髮髻，耳後有束髮繒帶，寂靜相。袒露上身，肩披帛帶，下身著裙，佩飾耳璫、項鍊、臂釧、手鐲、腳鐲。左手施無畏印；右手持長鉤，鉤杆裝飾蓮花。半跏趺坐於圓邊三角形覆蓮底座，底座正面下沿刻「能拘天母」名稱。供於東壁第一層第十龕。

圖 634　諸品天母

Citrā

通高 13.5 公分，底座寬 11 公分。

F5Sf：72（故 199892 72/122）

天母為一面二臂。頭戴五葉冠，葫蘆形髮髻，耳後有束髮繒帶，寂靜相。袒露上身，肩披帛帶，下身著裙，佩飾耳璫、項鍊、臂釧、手鐲、腳鐲。雙手持三尖叉，三尖叉杆上裝飾蓮花。半跏趺坐於圓邊三角形覆蓮底座上，底座正面下沿刻「諸品天母」名稱。供於東壁第一層第十一龕。

圖 633　能拘天母

圖 634　諸品天母

圖 635　同妙髮天母

Upakeśinī

通高 13.3 公分，底座寬 11.2 公分。

F5Sf：73（故 199892 73/122）

天母為一面二臂。頭戴五葉冠，葫蘆形髮髻，
耳後有束髮繒帶，寂靜相。袒露上身，肩披帛
帶，下身著裙，佩飾耳璫、項鍊、臂釧、手鐲、
腳鐲。雙手持榆木杖，杖上纏繞蓮花。半跏趺
坐於圓邊三角形覆蓮底座上，底座正面下沿刻
「同妙髮大母」名稱。供於東壁第一層第十二
龕。

圖 636　財帛天母

Vasumatī

通高 13.5 公分，底座寬 11 公分。

F5Sf：74（故 199892 122/122）

天母為一面二臂。頭戴五葉冠，葫蘆形髮髻，
耳後有束髮繒帶，寂靜相。袒露上身，肩披帛
帶，下身著裙，佩飾耳璫、項鍊、臂釧、手鐲、
腳鐲。雙手持傘，傘上裝飾蓮花紋。半跏趺坐
於圓邊三角形覆蓮底座上，底座正面下沿刻「財
帛天母」名稱。供於東壁第一層第十三龕。

圖 635　同妙髮天母

圖 636　財帛天母

圖 637　莊嚴母

Bhūṣaṇā

通高 16.2 公分，底座寬 13.1 公分。

F5Sf：75（故 199892 74/122）

神為一面二臂。頭戴五葉冠，葫蘆形髮髻，耳後有束髮繒帶，寂靜相。袒露上身，肩披帛帶，下身著裙，佩飾耳璫、項鍊、臂釧、手鐲、腳鐲。左手托海螺，右手施期克印。右舒坐於圓邊三角形覆蓮底座上，底座正面下沿刻「莊嚴母」名稱。供於東壁第二層第一龕。

圖 638　隆眾生母

Jagatpālinī

通高 17.2 公分，底座寬 13.6 公分。

F5Sf：76（故 199892 75/122）

神為一面二臂。頭戴五葉冠，葫蘆形髮髻，耳後有束髮繒帶，寂靜相。袒露上身，肩披帛帶，下身著裙，佩飾耳璫、項鍊、臂釧、手鐲、腳鐲。左手托香爐，右手護持。右舒坐於圓邊三角形覆蓮底座上，底座正面下沿刻「隆眾生母」名稱。供於東壁第二層第二龕。

圖 639　寶自在母

Ratneśvarī

通高 17.1 公分，底座寬 13.1 公分。

F5Sf：77（故 199892 76/122）

神為一面二臂。頭戴五葉冠，葫蘆形髮髻，耳後有束髮繒帶，寂靜相。袒露上身，肩披帛帶，下身著裙，佩飾耳璫、項鍊、臂釧、手鐲、腳鐲。左手撫在左腿上，右手持提爐。右舒坐於圓邊三角形覆蓮底座上，底座正面下沿刻「寶自在母」名稱。供於東壁第二層第三龕。

圖 637　莊嚴母

圖 638　隆眾生母

圖 639　寶自在母

圖 640　奪尊母

Varahāriṇī

通高 15.9 公分，底座寬 13.8 公分。

F5Sf：78（故 199892 77/122）

神為一面二臂。頭戴五葉冠，葫蘆形髮髻，耳
後有束髮繒帶，寂靜相。祖露上身，肩披帛帶，
下身著裙，佩飾耳璫、項鍊、臂釧、手鐲、腳鐲。
雙手合十，掌心夾一蓮花莖，蓮花置於右肩。
右舒坐於圓邊三角形覆蓮底座上，底座正面下
沿刻「奪尊母」名稱。供於東壁第二層第四龕。

圖 641　妙髮天母

Keśinī

通高 16.2 公分，底座寬 13.5 公分。

F5Sf：79（故 199892 78/122）

天母為一面二臂。頭戴五葉冠，葫蘆形髮髻，
耳後有束髮繒帶，寂靜相。祖露上身，肩披帛
帶，下身著裙，佩飾耳璫、項鍊、臂釧、手鐲、
腳鐲。左手施期克印，右手持寶劍。半跏趺坐
於圓邊三角形覆蓮底座上，底座正面下沿刻「妙
髮天母」名稱。供於東壁第二層第五龕。

圖 640　奪尊母

圖 641　妙髮天母

圖 642　寶冠菩薩

Ratnamukuṭa

通高 16.2 公分，底座寬 13.1 公分。

F5Sf：80（故 199892 79/122）

菩薩為一面二臂。頭戴五葉冠，葫蘆形髮髻，耳後有束髮繒帶，寂靜相。袒露上身，肩披帛帶，下身著裙，佩飾耳璫、項鍊、臂釧、手鐲、腳鐲。雙手持摩尼寶。半跏趺坐於圓邊三角形覆蓮底座上，底座正面下沿刻「寶冠菩薩」名稱。供於東壁第二層第六龕。

圖 643　無垢光童子

Vimalaprabhākumāra

通高 16.2 公分，底座寬 13.5 公分。

F5Sf：81（故 199892 80/122）

童子為一面二臂。頭戴五葉冠，葫蘆形髮髻，耳後有束髮繒帶，寂靜相。袒露上身，肩披帛帶，下身著裙，佩飾耳璫、項鍊、臂釧、手鐲、腳鐲。左手拿蓮花，右手掌彎曲護持。半跏趺坐於圓邊三角形覆蓮底座上，底座正面下沿刻「無垢光童子」名稱。供於東壁第二層第七龕。

圖 642　寶冠菩薩

圖 643　無垢光童子

圖 644　網光童子

Jalinīprabhākumāra

通高 16.1 公分，底座寬 13.5 公分。

F5Sf：82（故 199892 81/122）

童子為一面二臂。頭戴五葉冠，胡蘆形髮髻，
耳後有束髮繒帶，寂靜相。袒露上身，肩披帛
帶，下身著裙，佩飾耳璫、項鍊、臂釧、手鐲、
腳鐲。雙手於胸前合持一獸面飾物。半跏趺坐
於圓邊三角形覆蓮底座上，底座正面下沿刻「網
光童子」名稱。供於東壁第二層第八龕。

圖 645　施妙金剛

Mañjusrī

通高 15.5 公分，底座寬 14 公分。

F5Sf：83（故 199892 82/122）

金剛為一面二臂。頭戴五葉冠，胡蘆形髮髻，
耳後有束髮繒帶，寂靜相。袒露上身，肩披帛
帶，下身著裙，佩飾耳璫、項鍊、臂釧、手鐲、
腳鐲。左手施說法印，拇指、食指間夾蓮花莖，
蓮花置於左肩；右手施安慰印。半跏趺坐於橢
圓形覆蓮底座上，底座正面下沿刻「施妙金剛」
名稱。供於東壁第二層第九龕。

圖 646　白龍母

Upananda

通高 16.5 公分，底座寬 13.9 公分。

F5Sf：84（故 199892 83/122）

神為一面二臂。頭戴五葉冠，胡蘆形髮髻，耳
後有束髮繒帶，寂靜相。袒露上身，肩披帛帶，
佩飾耳璫、項鍊、臂釧、手鐲、腳鐲。雙手持
卷雲板。下身為龍身，蜷曲在圓邊三角形覆蓮
底座上，底座正面下沿刻「白龍母」名稱。供
於東壁第二層第十龕。

圖 644　網光童子

圖 645　施妙金剛

422

圖 646 白龍母

圖 647　土地

Pṛthivī

通高 16.4 公分，底座寬 13.7 公分。

F5Sf：85（故 199892 84/122）

神為一面二臂。頭戴五葉冠，葫蘆形髮髻，耳
側有束髮繒帶，寂靜相，袒露上身，肩披帛帶，
下身著裙，佩飾耳璫、項鍊、臂釧、手鐲、腳鐲。
雙手托寶瓶。半跏趺坐於圓邊三角形覆蓮底座
上，底座正面下沿刻「土地」名稱。供於東壁
第二層第十一龕。

圖 647　土地

424

圖 648　白龍王

Nanda

通高 16 公分，底座寬 13.5 公分。

F5Sf：86（故 199892 120/122）

神為一面二臂。頭戴五葉冠，葫蘆形髮髻，耳後有束髮繒帶，寂靜相。袒露上身，肩披帛帶，佩飾耳璫、項鍊、臂釧、手鐲、腳鐲。雙手持卷雲板。下身為龍身，蜷曲在圓邊三角形覆蓮底座上，底座正面下沿刻「白龍王」名稱。供於東壁第二層第十二龕。

圖 649　烏麻母

Umā

通高 19.1 公分，底座寬 15.9 公分。

F5Sf：87（故 199892 85/122）

神為一面二臂。頭戴五葉冠，葫蘆形髮髻，耳後有束髮繒帶，寂靜相。袒露上身，肩披帛帶，下身著裙，佩飾耳璫、項鍊、臂釧、手鐲、腳鐲。左手上舉至左耳旁，右手高舉至五葉冠處，各施手印。右舒坐於圓邊三角形覆蓮底座上，底座正面下沿刻「烏麻母」名稱。供於東壁第二層第一龕。

圖 648　白龍王

圖 649　烏麻母

425

圖 650　明月母

Śaśin

通高 19.7 公分，底座寬 16.1 公分。

F5Sf：88（故 199892 86/122）

神為一面二臂。頭戴五葉冠，葫蘆形髮髻，耳
後有束髮繒帶，寂靜相。袒露上身，肩披帛帶，
下身著裙，佩飾耳璫、項鍊、臂釧、手鐲、腳鐲。
左手撫在左腿上，右手托香爐。右舒坐於圓邊
三角形覆蓮底座上，底座正面下沿刻「明月母」
名稱。供於東壁第三層第二龕。

圖 651　明點尊母

Tilottomā

通高 19.5 公分，底座寬 16 公分。

F5Sf：89（故 199892 87/122）

神為一面二臂。頭戴五葉冠，葫蘆形髮髻，耳
後有束髮繒帶，寂靜相。袒露上身，肩披帛帶，
下身著裙，佩飾耳璫、項鍊、臂釧、手鐲、腳鐲。
雙手捧一長柄寶瓶。右舒坐於圓邊三角形覆蓮
底座上，底座正面下沿刻「明點尊母」名稱。
供於東壁第三層第三龕。

圖 650　明月母

圖 651　明點尊母

圖 652　最勝母

Śrī

通高 19.9 公分，底座寬 15.9 公分。

F5Sf：90（故 199892 88/122）

天母為一面二臂。頭戴五葉冠，葫蘆形髮髻，耳後有束髮繒帶，寂靜相。袒露上身，肩披帛帶，下身著裙，佩飾耳璫、項鍊、臂釧、手鐲、腳鐲。雙手合十。右舒坐於圓邊三角形覆蓮底座上，底座正面下沿刻「最勝母」名稱。供於東壁第三層第四龕。

圖 653　匝門支天母

Cāmuṇḍā

通高 20 公分，底座寬 15.9 公分。

F5Sf：91（故 199892 89/122）

天母為一面二臂。頭戴五葉冠，葫蘆形髮髻，耳後有束髮繒帶，嗔怒相。袒露上身，肩披帛帶，下身著裙，佩飾耳璫、項鍊、臂釧、手鐲、腳鐲。左手捧嘎巴拉碗，右手施無畏印。半跏趺坐於圓邊三角形覆蓮底座上，底座正面下沿刻「匝門支天母」名稱。供於東壁第三層第五龕。

圖 652　最勝母

圖 653　匝門支天母

圖654　斡呼希天母

Vārāhī

通高 19.9 公分，底座寬 16.8 公分。

F5Sf：92（故 199892 90/122）

天母為一面二臂。頭戴五葉冠，葫蘆形髮髻，耳後有束髮繒帶，寂靜相。袒露上身，肩披帛帶，下身著裙，佩飾耳璫、項鍊、臂釧、手鐲、腳鐲。雙手持長柄金剛交杵杖，杵頭缺一。半跏趺坐於圓邊三角形覆蓮底座上，底座正面下沿刻「斡呼希天母」名稱。供於東壁第三層第六龕。

圖655　那羅延天母

Vaiṣṇavī

通高 19.6 公分，底座寬 15.9 公分。

F5Sf：93（故 199892 91/122）

天母為一面二臂。頭戴五葉冠，葫蘆形髮髻，耳後有束髮繒帶，寂靜相。袒露上身，肩披帛帶，下身著裙，佩飾耳璫、項鍊、臂釧、手鐲、腳鐲。雙手托法輪。半跏趺坐於圓邊三角形覆蓮底座上，底座正面下沿刻「那羅延天母」名稱。供於東壁第三層第七龕。

圖656　幼天母

Kaumārī

通高 19.5 公分，底座寬 16 公分。

F5Sf：94（故 199892 92/122）

天母為一面二臂。頭戴五葉冠，葫蘆形髮髻，耳後有束髮繒帶，寂靜相。袒露上身，肩披帛帶，下身著裙，佩飾耳璫、項鍊、臂釧、手鐲、腳鐲。雙手持槍。半跏趺坐於圓邊三角形覆蓮底座上，底座正面下沿刻「幼天母」名稱。供於東壁第三層第八龕。

圖654　斡呼希天母

圖655　那羅延天母

圖 656　幼天母

圖 657 時相天母
Kālarātri

通高 19.7 公分，底座寬 15.9 公分。

F5Sf：95（故 199892 93/122）

天母為一面二臂。頭戴五葉冠，葫蘆形髮髻，
耳後有束髮繒帶，寂靜相。袒露上身，肩披帛
帶，下身著裙，佩飾耳璫、項鍊、臂釧、手鐲、
腳鐲。雙手持幡。半跏趺坐於圓邊三角形覆蓮
底座上，底座正面下沿刻「時相天母」名稱。
供於東壁第三層第九龕。

圖 658 降伏嶽〔獄〕鬼菩薩
Mṛtyu

通高 19.3 公分，底座寬 15.9 公分。

F5Sf：96（故 199892 94/122）

菩薩為一面二臂。頭戴五葉冠，葫蘆形髮髻，
耳後有束髮繒帶，寂靜相。袒露上身，肩披帛
帶，下身著裙，佩飾耳璫、項鍊、臂釧、手鐲、
腳鐲。左手托金剛鈴，鈴把裝飾一佛頭；右手
護持。半跏趺坐於圓邊三角形覆蓮底座上，底
座正面下沿刻「降伏嶽鬼菩薩」名稱。供於東
壁第三層第十龕。

圖 659 黑法帝
Yama

通高 20 公分，底座寬 16.4 公分。

F5Sf：97（故 199892 95/122）

神為一面二臂。頭戴五葉冠，葫蘆形髮髻，耳
後有束髮繒帶，寂靜相。袒露上身，肩披帛帶，
下身著裙，佩飾耳璫、項鍊、臂釧、手鐲、腳鐲。
左手持物佚失，右手持榆木杖。右舒坐在牛背
上。牛下為橢圓形覆蓮底座，底座正面下沿刻
「黑法帝」名稱。供於東壁第三層第十一龕。

圖 657 時相天母

圖 658 降伏嶽〔獄〕鬼菩薩

圖659 黑法帝

圖 660　福自在母

Vibhūti

通高 16.7 公分，底座寬 13.5 公分。

F5Sf：98（故 199892 96/122）

天母為一面二臂。頭戴五葉冠，葫蘆形髮髻，
耳後有束髮繒帶，寂靜相。袒露上身，肩披帛
帶，下身著裙，佩飾耳璫、瓔珞、臂釧、手鐲、
腳鐲。左手上舉在左肩上，施說法印；右手持
三尖叉。右舒坐於圓邊三角形覆蓮底座上，底
座正面下沿刻「福自在母」名稱。供於東壁第
四層第一龕。

圖 660　福自在母

432

圖 661　天容母

Surasundarī

通高 16.1 公分，底座寬 13.6 公分。

F5Sf：99（故 199892 97/122）

天母為一面二臂。頭戴五葉冠，葫蘆形髮髻，
耳後有束髮繒帶，寂靜相。袒露上身，肩披帛
帶，下身著裙，佩飾耳璫、項鍊、臂釧、手鐲、
腳鐲。雙手各施期克印，右手持念珠。右舒坐
於圓邊三角形覆蓮底座上，底座正面下沿刻「天
容母」名稱。供於東壁第四層第二龕。

圖 662　妙音母

Sarasvatī

通高 16.5 公分，底座寬 13.6 公分。

F5Sf：100（故 199892 98/122）

天母為一面二臂。頭戴五葉冠，葫蘆形髮髻，
耳後有束髮繒帶，寂靜相。袒露上身，肩披帛
帶，下身著裙，佩飾耳璫、項鍊、臂釧、手鐲、
腳鐲。懷抱琵琶，雙手作彈撥狀。左舒坐於圓
邊三角形覆蓮底座上，底座正面下沿刻「妙音
母」名稱。供於東壁第四層第三龕。

圖 661　天容母

圖 662　妙音母

433

圖 663　寶最勝母　　　　　　　　　　　　　　　　　　圖 664　地天母

圖 663　寶最勝母

Ratnavijayā

通高 16.6 公分，底座寬 13.6 公分。

F5Sf：101（故 199892 99/122）

天母為一面二臂。頭戴五葉冠，葫蘆形髮髻，
耳後有束髮繒帶，寂靜相。袒露上身，肩披帛
帶，下身著裙，佩飾耳璫、項鍊、臂釧、手鐲、
腳鐲。左手撫在左腿上，右手托海螺。右舒坐
於圓邊三角形覆蓮底座上，底座正面下沿刻「寶
最勝母」名稱。供於東壁第四層第四龕。

圖 664　地天母

Pṛthivī

通高 16.2 公分，底座寬 13.6 公分。

F5Sf：102（故 199892 100/122）

天母為一面二臂。頭戴五葉冠，葫蘆形髮髻，
耳後有束髮繒帶，寂靜相。袒露上身，肩披帛
帶，下身著裙，佩飾耳璫、項鍊、臂釧、手鐲、
腳鐲。右手托寶瓶，左手護持。半跏趺坐於圓
邊三角形覆蓮底座上，底座正面下沿刻「地天
母」名稱。供於東壁第四層第五龕。

圖 665　梵天

圖 666　尊勝天母

圖 665　梵天

Brahman

通高 16.1 公分，底座寬 13.5 公分。

F5Sf：103（故 199892 101/122）

神為一面二臂。頭戴五葉冠，葫蘆形髮髻，耳後有束髮繒帶，寂靜相。袒露上身，肩披帛帶，下身著裙，佩飾耳璫、項鍊、臂釧、手鐲、腳鐲。左手抬起施手印；右手施說法印，並執蓮花莖，蓮花置於右肩。半跏趺坐於圓邊三角形覆蓮底座上，底座正面下沿刻「梵天」名稱。供於東壁第四層第六龕。

圖 666　尊勝天母

Vijayā

通高 16.3 公分，底座寬 13.6 公分。

F5Sf：104（故 199892 102/122）

天母為一面二臂。頭戴五葉冠，葫蘆形髮髻，耳後有束髮繒帶，寂靜相。袒露上身，肩披帛帶，下身著裙，佩飾耳璫、項鍊、臂釧、手鐲、腳鐲。雙手持弓。半跏趺坐於圓邊三角形覆蓮底座上，底座正面下沿刻「尊勝天母」名稱。供於東壁第四層第七龕。

435

圖 667　日天

Sūrya

通高 16.4 公分，車寬 13.2 公分。

F5Sf：105（故 199892 103/122）

神為一面二臂。頭戴五葉冠，葫蘆形髮髻，耳
後有束髮繒帶，寂靜相。袒露上身，肩披帛帶，
下身著裙，佩飾耳璫、項鍊、臂釧、手鐲、腳鐲。
雙手於胸前掌心相對。半跏趺坐在四輪車車廂
內。車輪由八片葉子組成輻條。車廂正面上方
鑄「大清乾隆年敬造」款，下方刻「日天」名稱。
供於東壁第四層第八龕。

圖 667　日天

圖 668　水天

Varuṇa

通高 16.5 公分，底座寬 13.6 公分。

F5Sf：106（故 199892 104/122）

神為一面二臂。頭戴五葉冠，葫蘆形髮髻，耳
後有束髮繪帶，寂靜相。袒露上身，肩披帛帶，
下身著裙，佩飾耳璫、項鍊、臂釧、手鐲、腳鐲。
左手放於腹前；右手持蛇，蛇纏繞在其右臂上。
半跏趺坐於圓邊三角形覆蓮底座上，底座正面
下沿刻「水天」名稱。供於東壁第四層第九龕。

圖 669　帝釋

Indra

通高 16.5 公分，底座寬 13.4 公分。

F5Sf：107（故 199892 105/122）

神為一面二臂。頭戴五葉冠，葫蘆形髮髻，耳
後有束髮繪帶，寂靜相。袒露上身，肩披帛帶，
下身著裙，佩飾耳璫、項鍊、臂釧、手鐲、腳鐲。
左手放於腹前，右手持金剛杵。半跏趺坐於圓
邊三角形覆蓮底座上，底座正面下沿刻「帝釋」
名稱。供於東壁第四層第十龕。

圖 668　水天

圖 669　帝釋

437

圖 670 羅义〔叉〕
Nairṛti

通高 16.4 公分，底座寬 13.8 公分。

F5Sf：108（故 199892 106/122）

神為一面二臂。頭戴五葉冠，葫蘆形髮髻，耳
後有束髮繒帶，寂靜相。袒露上身，肩披帛帶，
下身著裙，佩飾耳璫、項鍊、臂釧、手鐲、腳鐲。
左手施無畏印，右手持火焰寶劍。半跏趺坐於
圓邊三角形覆蓮底座上，底座正面下沿刻「羅
义」名稱。供於東壁第四層第十一龕。

圖 671 勝天母
Jayā

通高 16.1 公分，底座寬 13.3 公分。

F5Sf：109（故 199892 121/122）

天母為一面二臂。頭戴五葉冠，葫蘆形髮髻，
耳後有束髮繒帶，寂靜相。袒露上身，肩披帛
帶，下身著裙，佩飾耳璫、項鍊、臂釧、手鐲、
腳鐲。雙手持弓。半跏趺坐於圓邊三角形覆蓮
底座上，底座正面下沿刻「勝天母」名稱。供
於東壁第四層第十二龕。

圖 672 右刷哈哩母
Surahāriṇī

通高 13.5 公分，底座寬 11.2 公分。

F5Sf：110（故 199892 107/122）

神為一面二臂。頭戴五葉冠，葫蘆形髮髻，耳
後有束髮繒帶，寂靜相。袒露上身，肩披帛帶，
下身著裙，佩飾耳璫、項鍊、臂釧、手鐲、腳鐲。
左手撫在左腿上，右手持傘。右舒坐於圓邊三
角形覆蓮底座上，底座正面下沿刻「右刷哈哩
母」名稱。供於東壁第五層第一龕。

圖 670 羅义〔叉〕

圖 671 勝天母

圖 672　右刷哈哩母

圖 673　貝蓮花母

Padmavatī

通高 13.6 公分，底座寬 11.1 公分。

F5Sf：111（故 199892 108/122）

神為一面二臂，頭戴五葉冠，葫蘆形髮髻，耳
後有束髮繒帶，寂靜相。袒露上身，肩披帛帶，
下身著裙，佩飾耳璫、項鍊、臂釧、手鐲、腳鐲。
左手持弓，右手持箭。右舒坐於圓邊三角形覆
蓮底座上，底座正面下沿刻「貝蓮花母」名稱。
供於東壁第五層第二龕。

圖 674　尊勝母

Vibhūtī

通高 13.4 公分，底座寬 11 公分。

F5Sf：112（故 199892 109/122）

神為一面二臂，頭戴五葉冠，葫蘆形髮髻，耳
後有束髮繒帶，寂靜相。袒露上身，肩披帛帶，
下身著裙，佩飾耳璫、項鍊、臂釧、手鐲、腳鐲。
左手撫在左腿上，右手持金剛鉤杖。右舒坐於
圓邊三角形覆蓮底座上，底座正面下沿刻「尊
勝母」名稱。供於東壁第五層第三龕。

圖 675　獅子幢母

Siṃhadhvajadhāriṇī

通高 13.6 公分，底座寬 11.2 公分。

F5Sf：113（故 199892 110/122）

天母為一面二臂，頭戴五葉冠，葫蘆形髮髻，
耳後有束髮繒帶，寂靜相。袒露上身，肩披帛
帶，下身著裙，佩飾耳璫、項鍊、臂釧、手鐲、
腳鐲。左手撫在左腿上，右手持幢。右舒坐於
圓邊三角形覆蓮底座上，底座正面下沿刻「獅
子幢母」名稱。供於東壁第五層第四龕。

圖 673　貝蓮花母

圖 674　尊勝母

圖 675　獅子幢母

圖 676　無能勝忿怒天母
Aparajitā

通高 13.3 公分，底座寬 11.2 公分。

F5Sf：114（故 199892 111/122）

天母為一面二臂。頭戴五葉冠，葫蘆形髮髻，
耳後有束髮繒帶，寂靜相。袒露上身，肩披帛
帶，下身著裙，佩飾耳璫、項鍊、臂釧、手鐲、
腳鐲。雙手掌心向上，手指彎曲，施手印。半
跏趺坐於圓邊三角形覆蓮底座上，底座正面下
沿刻「無能勝忿怒天母」名稱。供於東壁第五
層第五龕。

圖 677　無能勝忿怒金剛
Aparājitā

通高 13.2 公分，底座寬 11 公分。

F5Sf：115（故 199892 112/122）

金剛為一面二臂。頭戴五葉冠，葫蘆形髮髻，
耳後有束髮繒帶，寂靜相。袒露上身，肩披帛
帶，下身著裙，佩飾耳璫、項鍊、臂釧、手鐲、
腳鐲。左手於胸前施手印；右手施期克印，並
執蓮花莖，蓮花置於右肩。半跏趺坐於圓邊三
角形覆蓮底座上，底座正面下沿刻「無能勝忿
怒金剛」名稱。供於東壁第五層第六龕。

圖 676　無能勝忿怒天母

圖 677　無能勝忿怒金剛

圖 678　月天

Candra

通高 13.4 公分，底座寬 11 公分。

F5Sf：116（故 199892 113/122）

神為一面二臂。頭戴五葉冠，葫蘆形髮髻，耳
後有束髮繒帶，寂靜相。袒露上身，肩披帛帶，
下身著裙，佩飾耳璫、項鍊、臂釧、手鐲、腳鐲。
左手執蓮花莖，蓮花置於左肩；右手托寶瓶。
半跏趺坐於圓邊三角形覆蓮底座上，底座正面
下沿刻「月天」名稱。供於東壁第五層第七龕。

圖 679　伍嘛天母

Umā

通高 13.5 公分，底座寬 11.2 公分。

F5Sf：117（故 199892 114/122）

天母為一面二臂。頭戴五葉冠，葫蘆形髮髻，
耳後有束髮繒帶，寂靜相。袒露上身，肩披帛
帶，下身著裙，佩飾耳璫、項鍊、臂釧、手鐲、
腳鐲。左手於胸前施無畏印，右手舉三尖叉扛
於腦後。半跏趺坐於圓邊三角形覆蓮底座上，
底座正面下沿刻「伍嘛天母」名稱。供於東壁
第五層第八龕。

圖 678　月天

圖 679　伍嘛天母

443

圖 680　令安天母

Śaṅkara

通高 13.5 公分，底座寬 11.1 公分。

F5Sf：118（故 199892 115/122）

天母為一面二臂。頭戴五葉冠，葫蘆形髮髻，
耳後有束髮繒帶，寂靜相，袒露上身，肩披吊
帶，下身著裙，佩飾耳璫、項鍊、臂釧、手鐲、
腳鐲。左手施禪定印，右手持三尖叉。半跏趺
坐於圓邊三角形覆蓮底座上，底座正面下沿刻
「令安天母」名稱。供於東壁第五層第九龕。

圖 681　風天

Vāyu

通高 13.4 公分，底座寬 11 公分。

F5Sf：119（故 199892 116/122）

神為一面二臂。頭戴五葉冠，葫蘆形髮髻，耳
後有束髮繒帶，寂靜相。袒露上身，肩披帛帶，
下身著裙，佩飾耳璫、項鍊、臂釧、手鐲、腳鐲。
左手於胸前施無畏印，右手持幡。半跏趺坐於
圓邊三角形覆蓮底座上，底座正面下沿刻「風
天」名稱。供於東壁第五層第十龕。

圖 682　使贏延天

Skanda

通高 13.6 公分，底座寬 11 公分。

F5Sf：120（故 199892 117/122）

神為一面二臂。頭戴五葉冠，葫蘆形髮髻，耳
後有束髮繒帶，寂靜相。袒露上身，肩披帛帶，
下身著裙，佩飾耳璫、項鍊、臂釧、手鐲、腳鐲。
左手於胸前施無畏印，右手持槍。半跏趺坐於
圓邊三角形覆蓮底座上，底座正面下沿刻「使
贏延天」名稱。供於東壁第五層第十一龕。

圖 680　令安天母

圖 681　風天

圖 682　使贏延天

圖 683　那羅延天

Nārāyaṇa

通高 13.6 公分，底座寬 11 公分。

F5Sf：121（故 199892 118/122）

神為一面二臂。頭戴五葉冠，葫蘆形髮髻，耳
後有束髮繒帶，寂靜相。袒露上身，肩披帛帶，
下身著裙，佩飾耳璫、項鍊、臂釧、手鐲、腳鐲。
右手托法輪，左手護持。半跏趺坐於圓邊三角
形覆蓮底座上，底座正面下沿刻「那羅延天」
名稱。供於東壁第五層第十二龕。

圖 684　妙音天母

Sarasvatī

通高 13.2 公分，底座寬 11 公分。

F5Sf：122（故 199892 119/122）

天母為一面二臂。頭戴五葉冠，葫蘆形髮髻，
耳後有束髮繒帶，寂靜相。袒露上身，肩披帛
帶，下身著裙，佩飾耳璫、項鍊、臂釧、手鐲、
腳鐲。懷抱四弦琴，雙手作彈撥狀。遊戲坐於
圓邊三角形覆蓮底座上，底座正面下沿刻「妙
音天母」名稱。供於東壁第五層第十三龕。

圖 683　那羅延天

圖 684　妙音天母

五室樓下佛像

銅佛十八尊，供於室內樓下北、西、東三面供桌上。根據佛像形制及所繫黃條上的內容，可分為四組。

第一組
銅鎏金嵌石無量壽佛（九尊）

F5XF：1-9

佛均黃銅鑄造，通體鎏金，頭髮用顏料染成藍色。形制、大小皆相同。外罩黃錦佛衣，佛衣上邊鑲藍錦牙子，已殘破。其中一尊F5XF：1上繫有黃條，上用墨筆書寫漢文：「阿嘉胡圖克圖進無量壽佛九尊。」說明這九尊無量壽佛應是同時進貢入宮，並同時供入梵華樓。現皆供於室內東側供桌上。以F5XF：1（故199905）為例說明。

圖685　無量壽佛

通高21.7公分，底座寬14.8公分。

F5XF：1（故199905）

佛為一面二臂。頭戴五葉冠，葫蘆形髮髻，耳後有束髮繒帶，寂靜相。袒露上身，肩披帔帛，下身著裙。五葉冠上及所佩飾的耳璫、項鍊、臂釧、手鐲、腳鐲上均鑲嵌寶石。雙手施禪定印，掌心上托寶瓶。全跏趺坐於圓邊三角形高束腰仰覆蓮底座上。

圖686　無量壽佛

F5XF：2（故199907）

同F5XF：1（故199905）。

圖685-1　無量壽佛—黃條

圖685-2　無量壽佛

圖686　無量壽佛

圖 687　無量壽佛

F5XF：3（故 199908）

同 F5XF：1（故 199905），掌心上托寶瓶佚失。

圖 688-693　無量壽佛

F5XF：4-9（　故 199909、199910、199912、199914、

199915　199943）

均同 F5XF：1（故 199905），此舉一為例。

圖 688　無量壽佛

圖 687　無量壽佛

圖 689　無量壽佛

圖 690　無量壽佛

圖 692　無量壽佛

圖 691　無量壽佛

圖 693　無量壽佛

第二組

銅扎什利瑪佛（四尊）

F5XF：10-13

佛均由黃銅片捶揲而成，通體鎏金，頭髮用顏料染成藍色。每尊佛像均外罩黃錦佛衣。佛像上均繫有黃條，上用墨筆書寫漢文：「班禪額爾德尼之商卓忒巴扎薩克喇嘛濟忠格烈加勒燦請聖安進××（佛名）一尊。」

圖694　扎什利瑪無量壽佛

通高63公分，底座寬38.5公分。

F5XF：10（故199906）

佛為一面二臂。頭戴五葉冠，葫蘆形髮髻，耳後有束髮繒帶，寂靜相。袒露上身，肩披帛帶，胸前斜披絡腋，下身著裙。五葉冠上及項鍊、臂釧、手鐲、腳鐲上均鑲嵌寶石。雙手施禪定印，掌心上托寶瓶佚失。全跏趺坐。身後有大葫蘆形背光，背光上滿飾卷草紋。身下為圓邊三角形束腰仰覆蓮底座。臉部和頸部有煙炱，耳璫佚失。供於宣內東側供桌上。外罩黃錦佛衣，佛衣上鑲嵌藍錦牙子。佛衣殘破。佛像上繫一張黃條，黃條錯繫，上書「班禪額爾德尼之商卓忒巴扎薩克喇嘛濟忠格烈加勒燦請聖安進扎什利瑪文殊菩薩一尊」。

圖694-1　扎什利瑪無量壽佛—黃條

圖694-2　扎什利瑪無量壽佛

452

圖 694-3　扎什利瑪無量壽佛

圖 695　扎什利瑪彌勒佛

通高 64 公分，底座寬 39 公分。

F5XF：11（故 199911）

佛為一面二臂。頭戴五葉冠，葫蘆形髮髻，耳後有束髮繒帶，寂靜相。袒露上身，肩披帛帶，胸前斜披絡腋，下身著裙。五葉冠上片所佩飾的菱形花朵形耳璫、項鍊、臂釧、手鐲、腳鐲上均鑲嵌寶石。雙手施說法印，右手還執蓮花莖，蓮花置於右肩，花心上托軍持。全跏趺坐。

身後有大葫蘆形背光，背光上滿飾卷草紋。身下為圓邊三角形束腰仰覆蓮底座。供於室內北側供桌上。佛像外罩黃錦佛衣，佛衣上邊鑲藍錦牙子，佛衣殘破。佛像上繫兩張黃條。其一上書滿文、□班禪額爾德尼之商卓特巴扎薩克喇嘛濟忠格烈加勒燦請聖安進扎什利瑪彌勒佛一尊。」其二粗布條上書藏文「gong 5 sha」，記號其意可能為「上層第 5 尊 sha 號」。

圖 695-1　扎什利瑪彌勒佛—黃條

圖 695-2　扎什利瑪彌勒佛

圖 695-3　扎什利瑪彌勒佛

圖 696　扎什利瑪釋迦牟尼佛

通高 60 公分，底座寬 34 公分。

F5XE：12（故 199916）

佛為一面二臂。頭戴五葉冠，葫蘆形髮髻，耳後有束髮繒帶，寂靜相。身著袒右肩式袈裟，一角垂於左肩，下垂心形花朵，下身著裙。五葉冠上及所佩飾的菱形花朵形耳璫、項鍊、臂釧、手鐲、腳鐲上均鑲嵌寶石。左手托缽，右手施觸地印。全跏趺坐。身後有大葫蘆形背光，背光上滿飾卷草紋。身下為圓邊三角形束腰仰覆蓮底座。供於室內北側供桌上。佛像外罩黃錦佛衣，佛衣上邊鑲藍錦牙子，佛衣殘破。黃條上書「班禪額爾德尼之商卓忒巴扎薩克喇嘛濟忠格烈加勒燦請聖安進扎什利瑪釋迦牟尼佛一尊」。

圖 696-1　扎什利瑪釋迦牟尼佛—黃條

圖 696-2　扎什利瑪釋迦牟尼佛

圖 696-3　扎什利瑪釋迦牟尼佛

圖 697　扎什利瑪金剛佛

通高 72 公分，底座寬 41 公分。

F5XF：13（故 199944）

佛為一面二臂。頭戴五葉冠，葫蘆形髮髻，耳後有束髮繒帶，寂靜相。袒露上身，肩披帛帶，胸前斜披絡腋，下身著裙。五葉冠上及所佩飾的菱形花朵形耳璫、項鍊、臂釧、手鐲、腳鐲上均鑲嵌寶石。左手持金剛鈴，右手托金剛杵。全跏趺坐。身後有大葫蘆形背光，背光上滿飾卷草紋。身下為圓邊三角形束腰仰覆蓮底座。供於室內北側供桌上。佛像外罩黃錦佛衣，佛衣上邊鑲藍錦牙子，佛衣殘破。佛像上繫三張黃條。其一上書漢文：「班禪額爾德尼之商卓忒巴扎薩克喇嘛濟忠格烈加勒燦請聖安　進扎什利瑪金剛佛一尊。」其二上書漢文：「共佛九尊內大佛五尊。」其三粗布條上書藏文「gong 3 sha」記號，其意可能為「上層第 3 尊 sha 號」。

圖 697-1　扎什利瑪金剛佛—黃條

圖 697-2　扎什利瑪金剛佛

458

圖 697-3　扎什利瑪金剛佛

第三組

銅無量壽佛（二尊）

F5XF：14-15

佛均黃銅鑄造，面部泥金，頭髮用顏料染成藍色。形制、大小皆相同。供於室內西側供卓上。

圖 698　無量壽佛

通高 23.2 公分，底座寬 12.4 公分。

F5XF：14（故 199913）

佛為一面二臂。頭戴三葉冠，髮髻高聳，耳後有束髮繒帶，寂靜相。祖露上身，下身著裙，裙上裝飾錯金纏枝卷葉紋，佩飾耳璫、項鍊、臂釧、手鐲、腳鐲。雙手施禪定印，掌心上托寶瓶。全跏趺坐。身後有纏枝蓮花紋鏤空大背光。身下為單層橢圓仰蓮底座。蓮座置於四方委角須彌座上，須彌座束腰處飾「十」字鏤空圖案，卷草紋座足。

圖 699　無量壽佛

通高 23.2 公分，底座寬 12.4 公分。

F5XF：15（故 201240）

同 F5XF：14（故 199913）。

圖 698　無量壽佛

圖 699　無量壽佛

第四組
其他銅佛（三尊）

F5XF：16-18

圖700　扎什利瑪觀音菩薩

通高20.8公分　底座寬13.7公分。

F5XF：16（故199904）

菩薩為黃銅鑄造，面部泥金，頭髮用顏料染成藍色。一面二臂。長髮辮垂肩，髮髻高聳，髮髻當中為一化佛，寂靜相。上身袒露，胸前斜披絡腋、聖線，下身著裙。左手執蓮花莖，右手施與願印，蓮花置於雙肩。全跏趺坐於圓邊三角形仰覆蓮底座上。供於室內西側供桌上。佛像外罩黃錦佛衣，佛衣上邊鑲藍錦牙子，佛衣殘破。佛像上繫一張黃條，黃條錯繫，上書「達賴喇嘛呼畢勒罕另進扎什利瑪文殊菩薩一尊」。

圖700-2　扎什利瑪觀音菩薩

圖700-2　扎什利瑪觀音菩薩

圖 701　無量壽佛

通高 16.7 公分，底座寬 10.7 公分。

F5XF：18（故 199947）

佛為黃銅鑄造，頭髮用顏料染成藍色。一面二
臂。頭戴五葉冠，葫蘆形髮髻，耳後有束髮繒
帶，寂靜相。袒露上身，肩披帛帶，胸前斜披
絡腋，下身著裙。五葉冠上及所佩飾的圓形耳
璫、項鍊、臂釧、手鐲、腳鐲上均鑲嵌紅綠色
寶石。雙手施禪定印，掌心上托寶瓶。全跏趺
坐於圓邊三角形仰覆蓮底座上。寶瓶、帛帶、
雙足及蓮座鎏金，部分嵌石脫缺。供於室內東
側供桌上。

圖 701　無量壽佛

463

圖 702　無量壽佛

通高 76 公分，底座寬 43 公分。

F5XF：17（故 199940）

佛為黃銅片捶揲而成，通體鎏金，頭髮用顏料
染成藍色。一面二臂。頭戴五葉冠，葫蘆形髮
髻，耳後有束髮繒帶，寂靜相。袒露上身，肩
披帛帶，胸前斜披絡腋，下身著裙。五葉冠上
及所佩飾的菱形花朵形耳璫、項鍊、臂釧、手
鐲、腳鐲上均鑲嵌寶石。雙手施禪定印，掌心
上托寶瓶，寶瓶上左飄帶佚失。全跏趺坐。身
後有大葫蘆形背光，背光上滿飾卷草紋。身下
為圓邊三角形單層仰蓮座。蓮座置於四方委角
底座上，底座中部垂簾，兩側飾孔雀、卷草紋，
下飾一周蓮瓣。供於室內北側供桌上。佛像外
罩黃錦佛衣，佛衣上邊鑲藍錦牙子，佛衣殘破。

圖 702-1　無量壽佛

464

圖 702-2　無量壽佛

465

六室功行根本品佛像

六室樓上北壁設供案，須彌長座之上供功行根本品九尊大品佛，正中無量壽佛、右一十一面觀世音、左一四臂觀世音、右二尊勝佛母、左二白傘蓋佛母、右三白救度佛母、左三綠救度佛母、右四積光佛母、左四隨求佛母。

圖 703　積光佛母
Mārīcī

通高 38 公分，底座寬 27 公分。

F6SF：1（故 199894 5/9）

佛母位置右四。為一面三目二臂。頭戴骷髏冠，赤髮高聳，耳後有束髮繒帶，忿怒相。赤裸全身，肩披帛帶，腰束虎皮裙，佩飾耳璫、項鍊、臂釧、手鐲、腳鐲。左手持蓮花（佚

失），右手施期克印。展左立，雙足下各踩二人，人皆俯臥，下為橢圓形單層仰蓮底座。蓮座置於七頭豬拉的雙輪車上，雙龍頭車轅。

圖 704　白救度佛母
Sita-Tārā

通高 38 公分，底座寬 27 公分。

F6SF：2（故 199894 4/9）

佛母位置右三。為一面七目二臂，其中面上三目，左右手心和左右腳心各一目。頭戴五葉冠，葫蘆形髮髻，耳後有束髮繒帶，寂靜相。袒露上身，肩披帛帶，下身著裙，佩飾耳璫、項鍊、臂釧、手鐲、腳鐲。左手執蓮花莖，蓮花置於左肩；右手施與願印。全跏趺坐於圓邊三角形覆蓮底座上。

圖 703　積光佛母

圖 704　白救度佛母

圖 705　尊勝佛母

Uṣṇīṣavijayā

通高 38 公分，底座寬 27 公分。

F6SF：3（故 199894 2/9）

佛母位置右二。為三面八臂。每面各三目，頭
戴五葉冠，胡蘆形髮髻，寂靜相。袒露上身，
肩披帛帶，下身著裙，佩飾耳璫、項鍊、臂釧、
手鐲、腳鐲。左元手持羂索，右元手托金剛交
杵。左副手自上而下分別施無畏印、持弓、托
寶瓶，其中最上方的左副手手心還有一目；右
副手自上而下分別托一化佛、持箭（佚失）、
施與願印。全跏趺坐於圓邊三角形覆蓮底座上。

圖 706　十一面觀世音

Ekādaśamukha-Avalokiteśvara

通高 38 公分，底座寬 27 公分。

F6SF：4（故 199894 3/9）

菩薩位置右一。為十一面八臂。十一面分五層，
最上兩層每層一面，下面三層每層各三面，均
頭戴五葉冠，除從上往下第二層的一面為三目、
嗔怒相外，其餘十面皆二目、寂靜相。袒露上
身，肩披帛帶，胸前斜披絡腋，下身著裙，佩
飾耳璫、項鍊、臂釧、手鐲、腳鐲。左右元手
於胸前合十，左副手自上而下分別持蓮花、弓
箭（佚失）、奔巴壺；右副手自上而下分別持
念珠、法輪（佚失）、施與願印，其中最下方
的右副手的手心還有一目。雙腿直立於橢圓形
覆蓮底座上。

圖 705　尊勝佛母

468

圖 706　十一面觀世音

圖 707　無量壽佛

Amitāyus

通高 38 公分，底座寬 27 公分。

F6SF：5（故 199894 1/9）

此佛位置正中。為一面二臂。頭戴五葉冠，葫
蘆形髮髻，耳後有束髮繒帶，寂靜相。袒露上
身，肩披帛帶，胸前斜披絡腋，下身著裙，佩
飾耳璫、項鍊、臂釧、手鐲、腳鐲。雙手施禪
定印，掌心上托寶瓶。全跏趺坐於圓邊三角形
覆蓮底座上。

圖 707-1　無量壽佛

▶ 圖 707-2　無量壽佛

圖 708　四臂觀世音
Caturbhuja-Avalokiteśvara

通高 38 公分，底座寬 27 公分。

F6SF：6（故 199894 7/9）

菩薩位置左一。為一面四臂。頭戴五葉冠，葫
蘆形髮髻，髮髻頂部有一佛面，耳後有束髮繒
帶，寂靜相。袒露上身，肩披帛帶，胸前斜披
絡腋，下身著裙，佩飾耳璫、項鍊、臂釧、手鐲、
腳鐲。左右元手於胸前合十；左副手持蓮花，
右副手持念珠。全跏趺坐於圓邊三角形覆蓮底
座上。

圖 709　白傘蓋佛母
Sitātapatrā

通高 38 公分，底座寬 27 公分。

F6SF：7（故 199894 6/9）

佛母位置左二。為三面八臂。每面各三目，頭
戴五葉冠，葫蘆形髮髻，寂靜相。袒露上身，
肩披帛帶，下身著裙，佩飾耳璫、項鍊、臂釧、
手鐲、腳鐲。左元手持傘，右元手持蓋；左副
手自上而下分別持法輪、弓、羂索，右副手自
上而下分別持金剛杵、箭、鉞刀。全跏趺坐於
圓邊三角形覆蓮底座上。

圖 708　四臂觀世音

圖709　白傘蓋佛母

圖 710　綠救度佛母

Śyāma-Tārā

通高 38 公分，底座寬 27 公分。

F6SF：8（故 199894 8/9）

佛母位置左三。為一面二臂。頭戴五葉冠，葫
蘆形髮髻，耳後有束髮繒帶，寂靜相。袒露上
身，肩披帛帶，下身著裙，佩飾耳璫、項鍊、
臂釧、手鐲、腳鐲。左手執蓮花莖，蓮花育於
左肩；右手施期克印。右舒坐於圓邊三角形覆
蓮底座上，右足下踏小蓮花座。

圖 711　隨求佛母

Mahāpratisarā

通高 38 公分，底座寬 27 公分。

F6SF：9（故 199894 9/90）

佛母位置左四。為四面八臂。頭戴五葉冠，葫
蘆形髮髻，耳後有束髮繒帶，寂靜相。袒露上
身，肩披帛帶，下身著裙，佩飾耳璫、項鍊、
臂釧、手鐲、腳鐲。左元手持金剛立杵，右元
手持寶劍；左副手自上而下分別持弓、羂索（佚
失）、鉞刀，右副手自上而下分別持法輪、三
尖叉、箭。右舒坐於圓邊三角形覆蓮底座上，
右足下踏小蓮花座。

圖 712　六室西壁佛格

圖 710　綠救度佛母

474

圖 711　隨求佛母

圖 712　六室西壁佛格

六室西壁佛格佛像

圖 713　頠彌羅藥义〔叉〕大將
Anila

通高 12.9 公分，底座寬 11.2 公分。

F6Sf：1（故 199893 1/122）

大將為一面二臂，頭戴五葉冠，高髮髻，耳佛
有束髮繒帶，濃眉大眼，連腮鬍鬚，嗔怒相。
袒露上身，肩披帛帶，胸前斜披絡腋，下身著
裙，佩飾耳璫、項鍊、臂釧、手鐲、腳鐲。左
手托吐寶鼠，右手舉榆木棒。右舒坐於圓邊三
角形覆蓮底座上，底座正面下沿刻「頠彌羅藥
义大將」名稱。供於西壁第一層第一龕。

圖 713　頠彌羅藥义〔叉〕大將

478

圖 714　迷企羅义〔叉〕大將
Mekhila

通高 13 公分，底座寬 11 公分。

F6Sf：2（故 199893 2/122）

大將為一面二臂。頭戴五葉冠，高髮髻，耳後
有束髮繒帶，濃眉大眼，連腮鬍鬚，嗔怒相。
袒露上身，肩披帛帶，胸前斜披絡腋，下身著
裙，佩飾耳璫、項鍊、臂釧、手鐲、腳鐲。左
手托吐寶鼠；右手持劍，劍前端飾火焰寶珠。
右舒坐於圓邊三角形覆蓮底座上，底座正面下
沿刻「迷企羅义大將」名稱。供於西壁第一層
第二龕。

圖 715　跋拆〔折〕羅藥义〔叉〕大將
Vajra

通高 12.9 公分，底座寬 11.1 公分。

F6Sf：3（故 199893 3/122）

大將為一面二臂。頭戴五葉冠，高髮髻，耳後
有束髮繒帶，濃眉大眼，連腮鬍鬚，嗔怒相。
袒露上身，肩披帛帶，胸前斜披絡腋，下身著
裙，佩飾耳璫、項鍊、臂釧、手鐲、腳鐲。左
手托吐寶鼠；右手持寶劍，寶劍刃部佚失。右
舒坐於圓邊三角形覆蓮底座上，底座正面下沿
刻「跋拆羅藥义大將」名稱。供於西壁第一層
第三龕。

圖 714　迷企羅义〔叉〕大將

圖 715　跋拆〔折〕羅藥义〔叉〕大將

圖 716　宮毗盧藥乂〔叉〕大將　　　　　　　　　　　　　　　　　　　　　圖 717　實破闍慧菩薩

圖 716　宮毗盧藥乂〔叉〕大將

Kiṃbhīra

通高 12.8 公分，底座寬 11.1 公分。

F6Sf：4（故 199800 4/122）

大將為一面二臂。頭戴五葉冠，高髮髻，耳後
有束髮繒帶，濃眉大眼，連腮鬍鬚，嗔怒相。
袒露上身，肩披帛帶，胸前斜披絡腋，下身著
裙，佩飾耳璫、項鍊、臂釧、手鐲、腳鐲。左
手托吐寶鼠，右手持金剛杵。右舒坐於圓邊三
角形覆蓮底座上，底座正面下沿刻「宮毗盧藥
乂大將」名稱。供於西壁第一層第四龕。

圖 717　實破闍慧菩薩

Sarvaśokatamonirghātamati

通高 13.2 公分，底座寬 11.1 公分。

F6Sf：5（故 199893 5/122）

菩薩為一面二臂。頭戴五葉冠，葫蘆形髮髻，
耳後有束髮繒帶，寂靜相。袒露上身，肩披帛
帶，下身著裙，佩飾耳璫、項鍊、臂釧、手鐲、
腳鐲。左臂抬起，手指彎曲；右手舉寶劍。右
舒坐於圓邊三角形覆蓮底座上，底座正面下沿
刻「實破闍慧菩薩」名稱。供於西壁第一層第
五龕。

480

圖 718　善現菩薩　　　　　　　　　　　　　　　　　　　　　圖 719　不虛超越菩薩

圖 718　善現菩薩

Sudarśana

通高 13.5 公分，底座寬 11.1 公分。

F6Sf：6（故 199893 6/122）

菩薩為一面二臂。頭戴五葉冠，高髮髻，耳後
有束髮繒帶，寂靜相。袒露上身，肩披帛帶，
下身著裙，佩飾耳璫、項鍊、臂釧、手鐲、腳鐲。
左手施手印；右手執蓮花莖，蓮花置於右肩。
右舒坐於圓邊三角形覆蓮底座上，底座正面下
沿刻「善現菩薩」名稱。供於西壁第一層第六
龕。

圖 719　不虛超越菩薩

Amoghavikrama (?)

通高 13.1 公分，底座寬 11 公分。

F6Sf：7（故 199893 7/122）

菩薩為一面二臂。頭戴五葉冠，葫蘆形髮髻，
耳後有束髮繒帶，寂靜相。袒露上身，肩披帛
帶，下身著裙，佩飾耳璫、項鍊、臂釧、手鐲、
腳鐲。左手撫腿，右手舉寶劍。右舒坐於圓邊
三角形覆蓮底座上，底座正面下沿刻「不虛超
越菩薩」名稱。供於西壁第一層第七龕。

圖 720　智積菩薩

Pratibhāṇakūṭa

通高 13.5 公分，底座寬 11 公分。

F6Sf：8（故 199893 8/122）

菩薩為一面二臂。頭戴五葉冠，葫蘆形髮髻，
耳後有束髮繒帶，寂靜相。袒露上身，肩披帛
帶，下身著裙，佩飾耳璫、項鍊、臂釧、手鐲、
腳鐲。左手施期克印，右手持榆木棒。右舒坐
於圓邊三角形覆蓮底座上，底座正面下沿刻「智
積菩薩」名稱。供於西壁第一層第八龕。

圖 721　蓮花妙舞自在觀世音菩薩

Padmanarteśvara-Avalokiteśvara

通高 13.3 公分，底座寬 11.1 公分。

F6Sf：9（故 199893 9/122）

菩薩為一面十八臂。頭戴五葉冠，葫蘆形髮髻，
耳後有束髮繒帶，寂靜相。袒露上身，肩披帛
帶，胸前斜披絡腋，下身著裙，佩飾耳璫、項
鍊、臂釧、手鐲、腳鐲。每只手各持一蓮花。
全跏趺坐於圓邊三角形覆蓮底座上，底座正面
下沿刻「蓮花妙舞自在觀世音菩薩」名稱。供
於西壁第一層第九龕。

圖 720　智積菩薩

圖 721　蓮花妙舞自在觀世音菩薩

圖 722　騎吼觀世音菩薩

Hālāhala

通高 13.2 公分，底座寬 11 公分。

F6Sf：10（故 199893 10/1??）

菩薩為三面六臂。頭戴五葉冠，葫蘆形髮髻，
髮髻左側飾一月牙，寂靜相。祖露上身，肩披
帛帶，佩飾耳璫、項鍊、臂釧、手鐲、腳鐲、
左元手持絹索，右元手施與願印；左副手自上
而下分別持弓、蓮花，右副手自上而下分別持
念珠、箭。全跏趺坐於圓邊三角形覆蓮底座上，
底座正面下沿刻「騎吼觀世音菩薩」名稱。供
於西壁第一層第十龕。

圖 723　大地觀世音菩薩

Mahābhūmika-Avalokiteśvara

通高 13.1 公分，底座寬 11 公分。

F6Sf：11（故 199893 11/122）

菩薩為一面二臂，頭戴五葉冠，葫蘆形髮髻，
耳後有束髮繒帶，寂靜相。祖露上身，肩披帛
帶，胸前斜披絡腋，下身著裙，佩飾耳璫、項
鍊、臂釧、手鐲、腳鐲。左手施說法印，並執
蓮花莖，蓮花置於左肩；右手施與願印。站立
於橢圓形覆蓮底座上，底座正面下沿刻「大地
觀世音菩薩」名稱。供於西壁第一層第十一龕。

圖 722　騎吼觀世音菩薩

圖 723　大地觀世音菩薩

圖 724　四面八臂馬頭金剛

Caturmukhāṣṭabhuja-Hayagrīvavajra

通高 13 公分，底座寬 11 公分。

F6Sf：12（故 199893 12/122）

金剛為四面八臂。每面各三目，頭戴骷髏冠，
赤髮高聳，髮間有三馬頭，忿怒相。赤裸全身，
腰束虎皮裙，除耳璫外，所佩飾的項鍊、臂釧、
手鐲、腳鐲上均各纏繞一蛇。左元手持物佚失，
右元手持箭；左副手自上而下分別施期克印、
持蓮花、弓，右副手自上而下分別持金剛杵、
金剛棒、施期克印。展左立於橢圓形覆蓮底座
上，底座正面下沿刻「四面八臂馬頭金剛」名
稱。供於西壁第一層第十二龕。

圖 724　四面八臂馬頭金剛

圖 725　三面四臂彌勒菩薩

Trimukhacaturbhuja-Maitreya

通高 13 公分，底座寬 11 公分。

F6Sf：13（故 199893 13/122）

菩薩為三面四臂。頭戴五葉冠，葫蘆形髮髻，
寂靜相。袒露上身，肩披帛帶，下身著裙，佩
飾耳璫、項鍊、臂釧、手鐲、腳鐲。左右元手
於胸前施轉法輪印；左副手持樹枝葉，右副手
施安慰印。右舒坐於圓邊三角形覆蓮底座上，
底座止面下沿刻「三面四臂彌勒菩薩」名稱。
供於西壁第一層第十三龕。

圖 725　三面四臂彌勒菩薩

圖 726　持須彌峰王菩薩

Mahāmeruśikharadhara

通高 16.1 公分，底座寬 13.7 公分。

F6Sf：14（故 199893 14/1??）

菩薩為一面二臂。頭戴五葉冠，葫蘆形髮髻，耳後有束髮繒帶，寂靜相。袒露上身，肩披帛帶，下身著裙，佩飾耳璫、項鍊、臂釧、手鐲、腳鐲。左手撫在左腿上，右手持桃。右舒坐於圓邊三角形覆蓮底座上，底座正面下沿刻「持須彌峰王菩薩」名稱。供於西壁第二層第一龕。

圖 727　微妙音菩薩

Gadgadasvara

通高 16 公分，底座寬 13.6 公分。

F6Sf：15（故 199893 15/122）

菩薩為一面二臂。頭戴五葉冠，葫蘆形髮髻，耳後有束髮繒帶，寂靜相。袒露上身，肩披帛帶，下身著裙，佩飾耳璫、項鍊、臂釧、手鐲、腳鐲。左手施期克印；右手亦施期克印，並執蓮花莖，蓮花置於右肩。右舒坐於圓邊三角形覆蓮底座上，底座正面下沿刻「微妙音菩薩」名稱。供於西壁第二層第二龕。

圖 728　須彌積菩薩

Merukūṭa (?)

通高 16.1 公分，底座寬 13.5 公分。

F6Sf：16（故 199893 16/122）

菩薩為一面二臂。頭戴五葉冠，葫蘆形髮髻，耳後有束髮繒帶，寂靜相。袒露上身，肩披帛帶，下身著裙，佩飾耳璫、項鍊、臂釧、手鐲、腳鐲。左手撫在左腿上；右手亦施期克印，並執蓮花莖，蓮花置於右肩，花心上托金剛立杵。右舒坐於圓邊三角形覆蓮底座上，底座正面下沿刻「須彌積菩薩」名稱。供於西壁第二層第三龕。

圖 726　持須彌峰王菩薩

圖 727　微妙音菩薩

圖 728　須彌積菩薩

圖 729　明慧菩薩　　　　　　　　　　　　圖 730　慈氏菩薩

圖 729　明慧菩薩
Suvicintita (?)

通高 16.6 公分，底座寬 13.5 公分。

F6Sf：17（故 199893 17/122）

菩薩為一面二臂。頭戴五葉冠，葫蘆形髮髻，
耳後有束髮繒帶，寂靜相。袒露上身，肩披帛
帶，下身著裙，佩飾耳璫、項鍊、臂釧、手鐲、
腳鐲。左手施期克印，右手托寶瓶。右舒坐於
圓邊三角形覆蓮底座上，底座正面下沿刻「明
慧菩薩」名稱。供於西壁第二層第四龕。

圖 730　慈氏菩薩
Maitreya

通高 16.3 公分，底座寬 13.4 公分。

F6Sf：18（故 199893 18/122）

菩薩為一面二臂。頭戴五葉冠，葫蘆形髮髻，
耳後有束髮繒帶，寂靜相。袒露上身，肩披帛
帶，下身著裙，佩飾耳璫、項鍊、臂釧、手鐲、
腳鐲。左手撫在腿上；右手執蓮花莖，蓮花置
於右肩，花心上托寶瓶。右舒坐於圓邊三角形
覆蓮底座上，底座正面下沿刻「慈氏菩薩」名
稱。供於西壁第二層第五龕。

圖 731 大慧菩薩

圖 732 觀世音菩薩

圖 731　大慧菩薩
Mahāmati

通高 16.2 公分，底座寬 13.3 公分。

F6Sf：19（故 199893 19/122）

菩薩為一面二臂。頭戴五葉冠，葫蘆形髮髻，
耳後有束髮繒帶，寂靜相。袒露上身，肩披帛
帶，下身著裙，佩飾耳璫、項鍊、臂釧、手鐲、
腳鐲。左手施期克印；右手施說法印，並執蓮
花莖，蓮花置於右肩。右舒坐於圓邊三角形覆
蓮底座上，底座正面下沿刻「大慧菩薩」名稱。
供於西壁第二層第六龕。

圖 732　觀世音菩薩
Avalokiteśvara

通高 16.6 公分，底座寬 13.4 公分。

F6Sf：20（故 199893 20/122）

菩薩為一面二臂。頭戴五葉冠，葫蘆形髮髻，
耳後有束髮繒帶，寂靜相。袒露上身，肩披帛
帶，下身著裙，佩飾耳璫、項鍊、臂釧、手鐲、
腳鐲。左手施期克印；右手亦施期克印，並執
蓮花莖，蓮花置於右肩，花心上托經卷和月牙。
右舒坐於圓邊三角形覆蓮底座上，底座正面下
沿刻「觀世音菩薩」名稱。供於西壁第二層第
七龕。

圖 733　月光徧照菩薩
Candravairocana

通高 16.5 公分，底座寬 13.4 公分。

F6Sf：21（故 199893 21/122）

菩薩為一面二臂。頭戴五葉冠，葫蘆形髮髻，耳後
有束髮繒帶，寂靜相。袒露上身，肩披帛帶，下身
著裙，佩飾耳璫、項鍊、臂釧、手鐲、腳鐲。左手
施期克印；右手施說法印，並執蓮花莖，蓮花置於
右肩，花心上托經卷。右舒坐於圓邊三角形覆蓮底
座上，底座正面下沿刻「月光徧照菩薩」名稱。供
於西壁第二層第八龕。

圖 734　黑布祿金剛
Kṛṣṇa-Jambhalavajra

通高 16.7 公分，底座寬 13.6 公分。

F6Sf：22（故 199893 22/122）

金剛為一面三目二臂。頭戴骷髏冠，赤髮高聳，耳
後有束髮繒帶，忿怒相。赤裸全身，除耳璫外，所
佩飾的項鍊、臂釧、手鐲、腳鐲均由蛇纏繞而成。
左手托吐寶鼠，右手持嘎巴拉碗。展右立，雙足下
踩一人。此人仰臥，一面三目二臂，頭戴骷髏冠，
忿怒相。袒露上身，肩披帛帶，下身著裙，佩飾耳
璫、項鍊、臂釧、手鐲、腳鐲。左手持法器，右手
持幢。人下為橢圓形覆蓮底座，底座正面下沿刻「黑
布祿金剛」名稱。供於西壁第二層第九龕。

圖 735　金剛鎖佛母
Vajraśṛṅkhalā

通高 16.1 公分，底座寬 13.5 公分。

F6Sf：23（故 199893 23/122）

佛母為三面六臂。每面各三目，頭戴骷髏冠，赤髮
高聳，忿怒相。赤裸全身，肩披帛帶，腰束虎皮裙，
佩飾耳璫、項鍊、臂釧、手鐲、腳鐲。左手自上而
下分別持嘎巴拉碗、羂索、弓，右手自上而下分別
持金剛杵、鎖鏈、箭。舞立於橢圓形覆蓮底座上，
底座正面下沿刻「金剛鎖佛母」名稱。供於西壁第
二層第十龕。

圖 733　月光徧照菩薩

圖 734　黑布祿金剛

圖 735　金剛鐲佛母

圖 736　金剛甘達哩佛母

Vajragāndhārī

通高 16.5 公分，底座寬 13.5 公分。

F6Sf：24（故 199893 24/122）

佛母為六面十二臂。六面分三層：最上兩層每
層各一面，在高聳的赤髮中；最下一層四面。
除最上層　面為二目　頭戴五葉冠，葫蘆形髮
髻、寂靜相外，其餘五面皆每面各三目、頭戴
骷髏冠、忿怒相。赤裸全身，肩披帛帶，腰束
虎皮裙，佩飾耳璫、項鍊、臂釧、手鐲、腳鐲。
左手自上而下分別持喀章嘎、金剛鉤、弓、槍、
羂索、施期克印，右手自上而下分別持金剛杵、
金剛鈴、箭、三尖叉、金剛針、骷髏杖。展左
立於橢圓邊三角形覆蓮底座上，底座正面下沿
刻「金剛甘達哩佛母」名稱。供於西壁第二層
第十一龕。

圖 737　黃無能勝佛母

Pīta-Aparājitā

通高 16.5 公分，底座寬 13.2 公分。

F6Sf：25（故 199893 25/122）

佛母為一面三目二臂。頭戴骷髏冠，赤髮高聳，
忿怒相。赤裸全身，肩披帛帶，腰束虎皮裙，
佩飾耳璫、項鍊、臂釧、手鐲、腳鐲。左手捉
羂索，右手舉喀章嘎。展左立，雙足下各踩一
人，人皆俯臥在橢圓形覆蓮底座上，底座正面
下沿刻「黃無能勝佛母」名稱。供於西壁第二
層第十二龕。

圖 736　金剛甘達哩佛母

圖737　黃無能勝佛母

圖738　手持金剛菩薩

Vajrapāṇi

通高 19.5 公分，底座寬 15.7 公分。

F6Sf：26（故 199893 26/122）

菩薩為一面二臂。頭戴五葉冠，葫蘆形髮髻，
耳後有束髮繒帶，寂靜相。袒露上身，肩披帛
帶，下身著裙，佩飾耳璫、項鍊、臂釧、手鐲、
腳鐲。左手持念珠，右手托金剛立杵。右舒坐
於圓邊三角形覆蓮底座上，底座正面下沿刻「手
持金剛菩薩」名稱。供於西壁第三層第一龕。

圖739　日光遍照菩薩

Sūryavairocana

通高 19.5 公分，底座寬 15.9 公分。

F6Sf：27（故 199893 27/122）

菩薩為一面二臂。頭戴五葉冠，葫蘆形髮髻，
耳後有束髮繒帶，寂靜相。袒露上身，肩披帛
帶，下身著裙，佩飾耳璫、項鍊、臂釧、手鐲、
腳鐲。左手放在左腿上，掌心朝上；右手施說
法印，並執蓮花莖，蓮花置於右肩，花心上托
經卷、日輪。右舒坐於圓邊三角形覆蓮底座上，
底座正面下沿刻「日光遍照菩薩」名稱。供於
西壁第三層第二龕。

圖 738　手持金剛菩薩

圖 739　日光遍照菩薩

圖 740　救脫菩薩

Trāṇamukta

通高 19.9 公分，底座寬 16 公分。

F6Sf：28（故 199893 28/122）

菩薩為一面二臂。頭戴五葉冠，葫蘆形髮髻，耳後有束髮繒帶，寂靜相。袒露上身，肩披帛帶，下身著裙，佩飾耳璫、項鍊、臂釧、手鐲、腳鐲。雙手放在雙腿上，掌心朝上，五指彎曲，施說法印。右舒坐於圓邊三角形覆蓮底座上，底座正面下沿刻「救脫菩薩」名稱。供於西壁第三層第三龕。

圖 741　文殊菩薩

Mañjuśrī

通高 18.5 公分，底座寬 15.9 公分。

F6Sf：29（故 199893 29/122）

菩薩為一面二臂。頭戴五葉冠，高髮髻，耳後有束髮繒帶，寂靜相。袒露上身，肩披帛帶，下身著裙，佩飾耳璫、項鍊、臂釧、手鐲、腳鐲。左手施與願印；右手施期克印，並執蓮花莖，蓮花置於右肩，花心上托經卷、寶劍。右舒坐於圓邊三角形覆蓮底座上，底座正面下沿刻「文殊菩薩」名稱。供於西壁第三層第四龕。

圖 740　救脫菩薩

圖 741　文殊菩薩

495

圖 742　白不動金剛

Sita-Acalavajra

通高 19.6 公分，底座寬 15.7 公分。

F6Sf：30（故 199893 30/122）

金剛為一面三目二臂。頭戴五葉冠，赤髮高聳，
耳後有束髮繒帶，忿怒相。赤裸全身，肩披帛
帶，腰束虎皮裙，佩飾耳璫、項鍊、臂釧、手鐲、
腳鐲。左手持羂索，右手舉寶劍。跪立於橢圓
形覆蓮底座上，底座正面下沿刻「白不動金剛」
名稱。供於西壁第三層第五龕。

圖 742　白不動金剛

496

圖 743　馬頭金剛
Hayagrīvavajra

通高 19.8 公分，底座寬 15.9 公分。

F6Sf：31（故 199893 31/122）

金剛為一面三目二臂。頭戴五葉冠，赤髮高聳，
髮間有一馬頭，耳後有束髮繒帶，忿怒相。赤
裸全身，肩披帛帶，腰束虎皮裙，佩飾耳璫、
人頭項鬘、臂釧、手鐲、腳鐲，腹前還懸掛一
蛇。左手施期克印，並持羂索；右手舉骷髏杖。
展左立於圓邊三角形覆蓮底座上，底座正面下
沿刻「馬頭金剛」名稱。供於西壁第三層第六
龕。

圖 743　馬頭金剛

497

圖 744　騎獅文殊菩薩

Siṃhavāhana-Mañjuśrī

通高 19.9 公分，底座寬 15.7 公分。

F6Sf：32（故 199893 32/122）

菩薩為一面二臂。頭戴五葉冠，葫蘆形髮髻，
耳後有束髮繒帶，寂靜相。袒露上身，肩披帛
帶，下身著裙，佩飾耳璫、項鍊、臂釧、手鐲、
腳鐲。雙手於胸前施說法印，左手還執蓮花莖，
蓮花置於左肩。全跏趺坐於獅背上，獅下為橢
圓形覆蓮底座，底座正面下沿刻「騎獅文殊菩
薩」名稱。供於西壁第三層第七龕。

圖 745　文殊菩薩

Mañjuśrī

通高 19.2 公分，底座寬 15.8 公分。

F6Sf：33（故 199893 33/122）

菩薩為一面二臂。頭戴五葉冠，葫蘆形髮髻，
耳後有束髮繒帶，寂靜相。袒露上身，肩披帛
帶，下身著裙，佩飾耳璫、項鍊、臂釧、手鐲、
腳鐲。左手施說法印，並執蓮花莖，蓮花置於
左肩，花心上托梵篋；右手高舉寶劍。全跏趺
坐於圓邊三角形覆蓮底座上，底座正面下沿刻
「文殊菩薩」名稱。供於西壁第三層第八龕。

圖 744　騎獅文殊菩薩

圖 745　文殊菩薩

圖 746 獅吼觀世音菩薩

Siṃhanāda-Avalokiteśvara

通高 20 公分，底座寬 16 公分。

F6Sf：34（故 199893 34/122）

菩薩為一面二臂。髮髻高聳，寂靜相。袒露上
身，肩披帛帶，胸前斜披絡腋，左肩與右足間
繫有襌帶，下身著裙，佩飾耳璫、項鍊、臂釧、
手鐲、腳鐲。左手放在左腿後，掌心朝下，並
執蓮花莖，蓮花置於左肩，花心上托寶劍；右
手放在右膝蓋上，右肩上放置三尖叉。右舒坐
於半圓單層仰蓮底座上，蓮座下為一獅子，獅
下為橢圓形覆蓮底座，底座正面下沿刻「獅吼
觀世音菩薩」名稱。供於西壁第三層第九龕。

圖 747 四臂觀世音菩薩

Caturbhuja-Avalokiteśvara

通高 19.7 公分，底座寬 16 公分。

F6Sf：33（故 199893 35/122）

菩薩為一面四臂。頭戴五葉冠，葫蘆形髮髻，
髮髻頂端為一佛面，耳後有束髮繒帶，寂靜相。
袒露上身，肩披帛帶，胸前斜披羊皮，下身著
裙，佩飾耳璫、項鍊、臂釧、手鐲、腳鐲。左
右元手於胸前合十；左副手持蓮花，右副手持
念珠（佚失）。全跏趺坐於圓邊三角形覆蓮底
座上，底座正面上沿刻「四臂觀世音菩薩」名
稱。供於西壁第三層第十龕。

圖 746 獅吼觀世音菩薩

圖 747 四臂觀世音菩薩

圖 748 十一面觀世音菩薩

Ekādaśamukha-Avalokiteśvara

通高 20.4 公分，底座寬 15.9 公分。

F6Sf：36（故 199893 36/122）

菩薩為十一面八臂。十一面分五層，最上兩層
每層一面，下面三層每層各三面，均頭戴五葉
冠，除從上往下第二層的一面為三目、嗔怒相
外，其餘十面皆二目、寂靜相。祖露上身，肩
披帛帶，胸前斜披絡腋，下身著裙，佩飾耳璫、
項鍊、臂釧、手鐲、腳鐲。左右元手於胸前合十；
左副手自上而下分別持蓮花、弓箭、奔巴壺，
右副手自上而下分別持念珠、持法輪、施與願
印，其中最下方的右副手的手心還有一目。直
立於橢圓形覆蓮底座上，底座正面下沿刻「十一
面觀世音菩薩」名稱。供於西壁第三層第十一
龕。

圖 748 十一面觀世音菩薩

圖 749　解脫鬥戰佛母

Saṃgrāmatāriṇī

通高 16.9 公分，底座寬 13.5 公分。

F6Sf：37（故 199893 37/122）

佛母為四面四臂，其中一面在赤髮中。每面各
三目，頭戴骷髏冠，赤髮高聳，忿怒相。赤裸
全身，肩披帛帶，腰束虎皮裙，佩飾耳璫、項
鍊、臂釧、手鐲、腳鐲。左元手於胸前持羂索，
右元手持法輪；左副手舉金剛錘，右副手舉寶
劍。展左立於橢圓形覆蓮底座上，底座正面下
沿刻「解脫鬥戰佛母」名稱。供於西壁第四層
第一龕。

圖 750　幢頂臂嚴佛母

Dhvajāgrakeyurā

通高 17 公分，底座寬 13.5 公分。

F6Sf：38（故 199893 38/122）

佛母為一面三目四臂。頭戴骷髏冠，赤髮高聳，
耳後有束髮繒帶，忿怒相。赤裸全身，肩披帛
帶，腰束虎皮裙，佩飾耳璫、項鍊、臂釧、手鐲、
腳鐲。左手自上而下分別施期克印、持法輪，
右手自上而下分別持寶劍（刃部佚失）、羂索。
展左立於橢圓形覆蓮底座上。底座正面下沿刻
「幢頂臂嚴佛母」名稱。供於西壁第四層第二
龕。

圖 749　解脫鬥戰佛母

圖 750　幢頂臂嚴佛母

圖 751　大廻佛母

Mahāpratyaṅgirā

通高 16.9 公分，底座寬 13.5 公分。

F6Sf；39（故 199893 39/122）

佛母為一面三目六臂。頭戴骷髏冠，赤髮高聳，
耳後有束髮繒帶，忿怒相。赤裸全身，肩披帛
帶，腰束虎皮裙，佩飾耳璫、項鍊、臂釧、手鐲、
腳鐲。左手自上而下分別持寶劍、三尖叉、蓮
花，右手自上而下分別持寶劍、槍、法輪。展
左立於橢圓形覆蓮底座上，底座正面下沿刻「大
廻佛母」名稱。供於西壁第四層第三龕。

圖 751　大廻佛母

502

圖 752 黃積光佛母

Pīta-Mārīcī

通高 16.7 公分，底座寬 13.5 公分。

F6Sf：40（故 199893 40/122）

佛母為一面二臂。頭戴五葉冠，高髮髻，耳後
有束髮繒帶，寂靜相。袒露上身，肩披帛帶，
下身著裙，佩飾耳璫、項鍊、臂釧、手鐲、腳鐲。
左手執蓮花莖，蓮花置於左肩；右手施與願印。
半跏趺坐在圓邊三角形單層覆蓮座上，蓮座置
於豬背上。豬下為橢圓形覆蓮底座，底座正面
下沿刻「黃積光佛母」名稱。供於西壁第四層
第四龕。

圖 752　黃積光佛母

圖 753　幢頂佛

Dhvajāgra (?)

通高 16.6 公分，底座寬 13.5 公分。

F6Sf：41（故 199893 41/122）

佛為一面四臂。頭戴五葉冠，葫蘆形髮髻，耳
後有束髮繒帶，寂靜相。袒露上身，肩披帛帶，
下身著裙，佩飾耳璫、項鍊、臂釧、手鐲、腳鐲。
左元手持羂索，右元手施與願印；左副手持三
尖叉，右副手持羂索。全跏趺坐在圓邊三角形
覆蓮底座上，底座正面下沿刻「幢頂佛」名稱。
供於西壁第四層第五龕。

圖 754　敏捷文殊菩薩

Tīkṣṇa-Mañjuśrī

通高 16.3 公分，底座寬 13.8 公分。

F6Sf：42（故 199893 42/122）

菩薩為一面四臂。頭戴五葉冠，葫蘆形髮髻，
耳後有束髮繒帶，寂靜相。袒露上身，肩披帛
帶，下身著裙，佩飾耳璫、項鍊、臂釧、手鐲、
腳鐲。左元手施期克印，並執蓮花莖，蓮花置
於左肩，花心上托梵篋；右元手高舉寶劍。左
副手持弓，右副手持箭。全跏趺坐在圓邊三角
形覆蓮底座上，底座正面下沿刻「敏捷文殊菩
薩」名稱。供於西壁第四層第六龕。

圖 753　幢頂佛

圖 754　敏捷文殊菩薩

圖 755　積光佛母

Mārīcī

通高 16.4 公分，底座寬 13.4 公分。

F6Sf：43（故 199893 43/122）

佛母為一面二臂。頭戴五葉冠，高髮髻，耳後
有束髮繒帶，寂靜相。袒露上身，肩披帛帶，
下身著裙，佩飾耳璫、項鍊、臂釧、手鐲、腳鐲。
左手執蓮花莖，蓮花置於左肩；右手施與願印。
半跏趺坐在圓邊三角形單層覆蓮座上，蓮座置
於豬背上。豬下為橢圓形覆蓮底座，底座正面
下沿刻「積光佛母」名稱。供於西壁第四層第
七龕。

圖 756　手持金剛

Vajrapāṇi

通高 16.9 公分，底座寬 13.5 公分。

F6Sf：44（故 199893 44/122）

金剛為一面三目二臂。頭戴五葉冠，赤髮高聳，
耳後有束髮繒帶，忿怒相。赤裸全身，肩披帛
帶，腰束虎皮裙，佩飾耳璫、項鍊、臂釧、手鐲、
腳鐲，腹前還懸掛一蛇。左手施期克印，並持
羂索；右手舉金剛杵。展左立於圓邊三角形覆
蓮底座上，底座正面下沿刻「手持金剛」名稱。
供於西壁第四層第八龕。

圖 755　積光佛母

圖 756　手持金剛

505

圖 757　水月觀世音菩薩

Khasarpaṇa-Avalokiteśvara

通高 16.5 公分，底座寬 13.5 公分。

F6Sf：45（故 199893 45/122）

菩薩為一面二臂。頭戴五葉冠，高髮髻，耳後
有束髮繒帶，寂靜相。袒露上身，肩披帛帶，
胸前斜披羊皮，下身著裙，佩飾耳璫、項鍊、
臂釧、手鐲、腳鐲。左手放在左腿後，掌心朝
下，並執蓮花莖，蓮花置於左肩；右手施與願
印。右舒坐在圓邊三角形覆蓮底座上，底座正
面下沿刻「水月觀世音菩薩」名稱。供於西壁
第四層第九龕。

圖 758　自在觀世音菩薩

Īśvara-Avalokiteśvara

通高 16.3 公分，底座寬 13.2 公分。

F6Sf：46（故 199893 46/122）

菩薩為一面二臂。頭戴單葉寶冠，葫蘆形髮髻，
耳後有束髮繒帶，寂靜相。袒露上身，肩披帛
帶，胸前斜披羊皮，下身著裙，佩飾耳璫、項
鍊、臂釧、手鐲、腳鐲。左手放在左腿後，執
蓮花莖，蓮花置於左肩；右手施與願印。右舒
坐在圓邊三角形覆蓮底座上，底座正面下沿刻
「自在觀世音菩薩」名稱。供於西壁第四層第
十龕。

圖 759　白傘蓋佛母

Sitātapatrā

通高 16 公分，底座寬 13.6 公分。

F6Sf：47（故 199893 47/122）

佛母為一面二臂。頭戴五葉冠，葫蘆形髮髻，
耳後有束髮繒帶，寂靜相。袒露上身，肩披帛
帶，下身著裙，佩飾耳璫、項鍊、臂釧、手鐲、
腳鐲。左手持傘，右手平伸撫膝上。全跏趺坐
在圓邊三角形覆蓮底座上，底座正面下沿刻「白
傘蓋佛母」名稱。供於西壁第四層第十一龕。

圖 757　水月觀世音菩薩

圖 758　自在觀世音菩薩

圖 759　白傘蓋佛母

圖 760　站像彌勒佛
Maitreya

通高 16.4 公分，底座寬 13.4 公分。

F6Sf：48（故 199893 48/122）

佛為一面二臂。髮髻高聳，髮髻前飾一佛塔，寂靜相。袒露上身，左肩斜披羊皮，下身著長裙，腿部斜繫禪定帶，佩飾耳璫、項鍊、臂釧、手鐲、腳鐲。左手叉腰，並持奔巴壺；右手施說法印。站立於橢圓形覆蓮底座上，底座正面下沿刻「站像彌勒佛」名稱。供於西壁第四層第十二龕。

圖 761　黃布祿金剛
Pīta-Jambhalavajra

通高 13 公分，底座寬 10.9 公分。

F6Sf：49（故 199893 49/122）

金剛為一面二臂。頭戴五葉冠，高髮髻，耳後有束髮繒帶，濃眉大眼，連腮鬍鬚，嗔怒相。袒露上身，肩披帛帶，胸前斜披絡腋，下身著裙，佩飾耳璫、項鍊、臂釧、手鐲、腳鐲。左手托吐寶鼠，右手持桃。右舒坐在圓邊三角形覆蓮底座上，底座正面下沿刻「黃布祿金剛」名稱。供於西壁第五層第一龕。

圖 760　站像彌勒佛

508

圖 761　黃布祿金剛

圖 762　四臂不動金剛

Caturbhuja-Acalavajra

通高 13.2 公分，底座寬 11 公分。

「6sf：50（故 199893 50/122）

金剛為四面四臂。每面各三目，頭戴五葉冠，
赤髮高聳，忿怒相。赤裸全身，肩披帛帶，腰
束虎皮裙，佩飾耳璫、項鍊、臂釧，手鐲、腳鐲。
左元手持羂索，右元手托金剛立杵，右副手捧
嘎巴拉碗，右副手高舉寶劍。展左立於橢圓形
覆蓮底座上，底座正面下沿刻「四臂不動金剛」
名稱。供於西壁第五層第二龕。

圖 762　四臂不動金剛

510

圖 763　紅妙音佛母

Rakta-Sarasvatī

通高 13.3 公分，底座寬 11.1 公分。

F6Sf：51（故 199893 51/122）

佛母為三面六臂。頭戴五葉冠，葫蘆形髮髻，寂靜相。袒露上身，肩披帛帶，下身著裙，佩飾耳璫、項鍊、臂釧、手鐲、腳鐲。左元手捧嘎巴拉碗，右元手持鉞刀；左副手自上而下分別持法輪、桃，右副手自上而下分別持蓮花、寶劍。左舒坐在圓邊三角形覆蓮底座上，底座正面下沿刻「紅妙音佛母」名稱。供於西壁第五層第三龕。

圖 764　六臂布祿金剛

Ṣaḍbhuja-Jambhalavajra

通高 13.3 公分，底座寬 11.1 公分。

F6Sf：52（故 199893 52/122）

金剛為三面六臂。頭戴五葉冠，高髮髻，濃眉大眼，連腮鬍鬚，嗔怒相。赤裸全身，肩披帛帶，腰束虎皮裙，佩飾耳璫、項鍊、臂釧、手鐲、腳鐲。左元手托缽，右元手托摩尼寶；左副手自上而下分別持羂索、吐寶鼠，右副手自上而下分別持鉤、吐寶鼠。展左立，雙足下各踩一人，左足下之人俯臥，右足下之人仰臥。下為橢圓形覆蓮底座，底座正面下沿刻「六臂布祿金剛」名稱。供於西壁第五層第四龕。

圖 763　紅妙音佛母

圖 764　六臂布祿金剛

圖 765　除毒佛母

Jāṅgulī

通高 13.4 公分，底座寬 11 公分。

F6Sf：53（故 199893 53/122）

佛母為一面六臂。頭戴五葉冠，葫蘆形髮髻，髮髻上聳立七條蛇，寂靜相。袒露上身，肩披帛帶，下身著裙，佩飾耳璫、項鍊、臂釧、手鐲、腳鐲。左元手施期克印；右元手亦施期克印，握金剛杵。左副手自上而下分別持蛇、弓，右副手自上而下分別持寶劍、箭。左舒坐在圓邊三角形覆蓮底座上，底座正面下沿刻「除毒佛母」名稱。供於西壁第五層第五龕。

圖 766　白諸品佛母

Viśvamātā

通高 13 公分，底座寬 11.1 公分。

F6Sf：54（故 199893 54/122）

佛母為一面二臂。頭戴五葉冠，葫蘆形髮髻，耳後有束髮繒帶，寂靜相。袒露上身，肩披帛帶，下身著裙，佩飾耳璫、項鍊、臂釧、手鐲、腳鐲。左手執蓮花莖，蓮花置左肩；右手伸掌撫膝上。全跏趺坐在圓邊三角形覆蓮底座上，底座正面下沿刻「白諸品佛母」名稱。供於西壁第五層第六龕。

圖 765　除毒佛母

圖 766　白諸品佛母

圖 767 成就一切救度佛母

Sarvārthasādhana-Tāra

通高 13.4 公分，底座寬 11.3 公分。

故 55（故 199893 55/122）

佛母為八面十六臂。八面分兩層：上層一面，
在赤髮中；下層七面。每面各三目，頭戴骷髏
冠，赤髮高聳，忿怒相，袒露上身，肩披吊帶，
下身著短裙，佩飾耳璫、項鍊、臂釧、手鐲、
腳鐲。左元手持羂索，右元手持寶劍；左副手
自上而下分別持嘎巴拉碗、弓、施期克印、金
剛鈴、羂索、梵天頭、寶瓶，右副手自上而下
分別持蓮花、箭、搗杵、施期克印、骷髏仗、
鉞刀、施期克印。展右立，雙足下各踩二人，
人皆俯臥。橢圓形覆蓮底座，底座正面下沿刻
「成就一切救度佛母」名稱。供於西壁第五層
第七龕。

圖 767-1 成就一切救度佛母

▶ 圖 767-2 成就一切救度佛母

514

圖768 沙門佛母

Śramaṇā

通高 13.7 公分，底座寬 11 公分。

F651.58（故 199893 58/122）

佛母為一面二臂。頭戴五葉冠，葫蘆形髮髻，
耳後有束髮繒帶，寂靜相。袒露上身，肩披帛
帶，下身著裙，佩飾耳璫、嘎珠、臂釧、手鐲、
腳鐲。左手施期克印，持樹枝；右手捧圓鏡。
站立於橢圓形覆蓮底座上，底座正面下沿刻「沙
門佛母」名稱。供於西壁第五層第八龕。

圖 768 沙門佛母

圖 769　千摧碎佛母

Sāhasrapramardanī

通高 13.6 公分，底座寬 10.8 公分。

F6Sf：57（故 199893 57/122）

佛母為一面六臂。頭戴五葉冠，葫蘆形髮髻，
耳後有束髮繒帶，寂靜相。袒露上身，肩披帛
帶，下身著裙，佩飾耳璫、項鍊、臂釧、手鐲、
腳鐲。左元手施禪定印，掌心上托寶瓶；右元
手施與願印。左副手自上而下分別持弓（弓弦
斷）、施期克印，右副手自上而下分別持寶劍、
箭。全跏趺坐在圓邊三角形覆蓮底座上，底座
正面下沿刻「千摧碎佛母」名稱。供於西壁第
五層第九龕。

圖 769　千摧碎佛母

517

圖 770　蜜〔密〕咒隨持佛母　　　　　　　　　　　　　　　　　　　　　　　圖 771　寒林佛母

圖 770　蜜〔密〕咒隨持佛母

Mahāmantrānusāriṇī

通高 13.3 公分，底座寬 11 公分。

F6Sf：58（故 199893 58/122）

佛母為一面四臂。頭戴五葉冠，葫蘆形髮髻，
耳後有束髮繒帶，寂靜相。袒露上身，肩披帛
帶，下身著裙，佩飾耳璫、項鍊、臂釧、手鐲、
腳鐲。左元手捧嘎巴拉碗，右元手持鉞刀；左
副手持金剛斧，右副手施與願印。全跏趺坐在
圓邊三角形覆蓮底座上，底座正面下沿刻「蜜
咒隨持佛母」名稱。供於西壁第五層第十龕。

圖 771　寒林佛母

Mahāsītavatī

通高 13.1 公分，底座寬 11 公分。

F6Sf：59（故 199893 59/122）

佛母為一面四臂。頭戴五葉冠，葫蘆形髮髻，
耳後有束髮繒帶，寂靜相。袒露上身，肩披帛
帶，下身著裙，佩飾耳璫、項鍊、臂釧、手鐲、
腳鐲。左元手持三尖叉，右元手施與願印；左
副手捧梵篋，右副手持念珠。全跏趺坐在圓邊
三角形覆蓮底座上，底座正面下沿刻「寒林佛
母」名稱。供於西壁第五層第十一龕。

圖 772　大孔雀佛母　　　　　　　　　　　　　　　　圖 773　般若佛母

圖 772　大孔雀佛母

Mahāmāyūrī

通高 12.9 公分，底座寬 11.2 公分。

F6Sf：60（故 199893 60/122）

佛母為三面六臂。頭戴五葉冠，葫蘆形髮髻，
寂靜相。袒露上身，肩披帛帶，下身著裙，佩
飾耳璫、項鍊、臂釧、手鐲、腳鐲。左元手施
禪定印，掌心上托寶瓶；右元手施說法印，執
孔雀羽。左副手自上而下分別持弓、桃，右副
手自上而下分別持箭、施與願印。半跏趺坐在
圓邊三角形覆蓮底座上，底座正面下沿刻「大
孔雀佛母」名稱。供於西壁第五層第十二龕。

圖 773　般若佛母

Pranjñāpārmitā

通高 13.4 公分，底座寬 11.2 公分。

F6Sf：61（故 199893 61/122）

佛母為一面四臂。頭戴五葉冠，葫蘆形髮髻，
耳後有束髮繒帶，寂靜相。袒露上身，肩披帛
帶，下身著裙，佩飾耳璫、項鍊、臂釧、手鐲、
腳鐲。左元手施禪定印，掌心上托寶瓶；右元
手持金剛杵。左副手握經卷，右副手持念珠。
全跏趺坐在圓邊三角形覆蓮底座上，底座正面
下沿刻「般若佛母」名稱。供於西壁第五層第
十三龕。

圖 774　六室東壁佛格

圖 774　六室東壁佛格

521

六室東壁佛格佛像

圖 775　害彼母
Varāhamukhī

通高 13.2 公分，底座寬 11.1 公分。

F6Sf：62（故 199893 62/122）

佛母為一面二臂。頭戴五葉冠，高髮髻，耳後
有束髮繒帶，寂靜相。袒露上身，肩披帛帶，
下身著裙，佩飾耳璫、項鍊、臂釧、手鐲、腳鐲。
左手持弓，右手持箭。右舒坐在圓邊三角形覆
蓮底座上，底座正面下沿刻「害彼母」名稱。
供於東壁第一層第一龕。

圖 776　巴達呼嘎呼嘛西母
Padākramamasī

通高 13.2 公分，底座寬 11 公分。

F6Sf：63（故 199893 63/122）

佛母為一面二臂。頭戴五葉冠，高髮髻，耳後
有束髮繒帶，寂靜相。袒露上身，肩披帛帶，
下身著裙，佩飾耳璫、項鍊、臂釧、手鐲、腳鐲。
左手持金剛杵；右手持一樹，帶枝葉。右舒坐
在圓邊三角形覆蓮底座上，底座正面下沿刻「巴
達呼嘎呼嘛西母」名稱。供於東壁第一層第二
龕。

圖 777　嘛哈呼雜瓦呼嘛西母
Mahācīvaramasī

通高 13.2 公分，底座寬 11.1 公分。

F6Sf：64（故 199893 64/122）

佛母為一面二臂。頭戴五葉冠，高髮髻，耳後
有束髮繒帶，嗔怒相。袒露上身，肩披帛帶，
下身著裙，佩飾耳璫、項鍊、臂釧、手鐲、腳
鐲。左手放在左腿上，右手持金剛鉤。右舒坐
在圓邊三角形覆蓮底座上，底座正面下沿刻「嘛
哈呼雜瓦呼嘛西母」名稱。供於東壁第一層第
三龕。

圖 775　害彼母

圖 776　巴達呼嘎呼嘛西母

522

圖777　嘛哈呼雜瓦呼嘛西母

圖 778　蘭〔藍〕穆達呼達那嘛西母

Antardhānamasī

通高 13.4 公分，底座寬 11.1 公分。

F6Sf：65（故 199893 65/122）

佛母為一面二臂。頭戴五葉冠，高髮髻，耳後
有束髮繒帶，寂靜相。袒露上身，肩披帛帶，
下身著裙，佩飾耳璫，項鍊、臂釧、手鐲、腳鐲。
左手持羂索，右手持蓮花。右舒坐在圓邊三角
形覆蓮底座上，底座正面下沿刻「蘭穆達呼達
那嘛西母」名稱。供於東壁第一層第四龕。

圖 779　六臂妙音佛母

Ṣaḍbhuja-Sarasvatī

通高 13.5 公分，底座寬 11.1 公分。

F6Sf：66（故 199893 66/122）

佛母為一面六臂。頭戴五葉冠，葫蘆形髮髻，
耳後有束髮繒帶，寂靜相。袒露上身，肩披帛
帶，下身著裙，佩飾耳璫、項鍊、臂釧、手鐲、
腳鐲。左元手捧嘎巴拉碗，右元手持鉞刀；左
副手自上而下分別持法輪、摩尼寶，右副手自
上而下分別持蓮花、寶劍。左舒坐在圓邊三角
形覆蓮底座上，底座正面下沿刻「六臂妙音佛
母」名稱。供於東壁第一層第五龕。

圖 778　蘭〔藍〕穆達呼達那嘛西母

圖 779 六臂妙音佛母

圖 780　三面八臂紅馬頭金剛

Trimukhāṣṭabhuja-rakta-Hayagrīva-vajra

通高 13.7 公分，底座寬 11.1 公分。

F6Sf：67（故 199893 67/122）

金剛為三面八臂。每面各三目，頭戴骷髏冠，
亦呈忿怒相，髮間有三個馬頭，忿怒相，赤裸上
身，肩披帛帶，腰束虎皮裙，佩飾耳璫、人頭
項鬘、臂釧、手鐲、腳鐲。左手自上而下分別
持蓮花、槍、金剛棒、弓（弓弦斷），右手自
上而下分別持金剛交杵、幡、寶劍、箭。展左
立，雙足下各踩二人，人皆俯臥。下為橢圓形
覆蓮底座，底座正面下沿刻「三面八臂紅馬頭
金剛」名稱。供於東壁第一層第六龕。

圖 780　三面八臂紅馬頭金剛

圖 781　六臂葉衣佛母

Ṣaḍbhuja-Parṇaśabarī

通高 13.1 公分，底座寬 11.1 公分。

F6Sf：68（故 199893 68/122）

佛母為一面三目六臂。頭戴五葉冠，高髮髻，
耳後有束髮繒帶，寂靜相。袒露上身，肩披帛
帶，胸前斜披絡腋，下身著樹葉裙，佩飾耳璫、
項鍊、臂釧、手鐲、腳鐲。左元手持弓，右元
手持箭；左副手自上而下分別持羂索、孔雀羽，
右副手自上而下分別持金剛杵、金剛錘。左舒
坐於一人背上，此人俯臥，人卜為圓邊三角形
覆蓮底座，底座正面下沿刻「六臂葉衣佛母」
名稱。供於東壁第一層第七龕。

圖 781　六臂葉衣佛母

527

圖 782　十二臂積光佛母

Dvādaśabhuja-Mārīcī

通高 13.9 公分，底座寬 10.8 公分。

F6Sf：69（故 199893 69/122）

佛母為六面十二臂。每面各三目，頭戴五葉冠，
小裂高聳　裂間有　豬頭，忿怒相。亦裸全身，
肩披帛帶．胸前斜披絡腋，腰束虎皮裙，佩飾
耳璫、項鍊、臂釧、手鐲、腳鐲。左元手持三
尖叉，右元手持金剛錘；左副手自上而下分別
為施期克印並持羂索、蠍子、海螺、施期克印、
弓；右副手自上而下分別持寶劍、搗杵、施期
克印、金剛鉤、金剛杵。展左立，足下為橢圓
形單層覆蓮座，蓮座上刻「十二臂積光佛母」
名稱。蓮座置於兩隻小豬牽引的雙輪車上，車
前底板上刻「大清乾隆年敬造」，車後擋板正
中刻「功行根本」。供於東壁第一層第八龕。

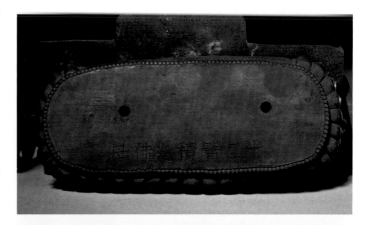

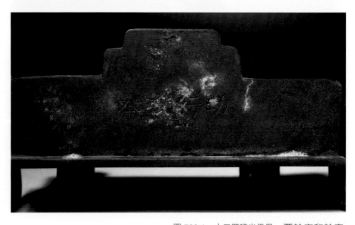

圖 782-1　十二臂積光佛母—覆輪座和輪車

528

圖 782-2　十二臂積光佛母

圖 783　璧組積光佛母

Mārīcī

通高 13.4 公分，底座寬 11 公分。

F6Sf：70（故 199893 70/122）

佛母為二面八臂。每面各三目，頭戴五葉冠，
高髻髻，寂靜相。袒露上身，肩披帛帶，下身
著短褲，佩飾耳璫、項鍊、臂釧、手鐲、腳鐲。
左元手持線團；右元手拇指、食指間捏一針；
左副手自上而下分別持金剛鉤、弓、蓮花枝，
右副手自上而下分別持法器（佚失）、箭、金
剛杵。展左立，雙足下各踩一人，左足下之人
仰臥，右足下之人俯臥。橢圓形覆蓮底座，底
座正面下沿刻「璧組積光佛母」名稱。供於東
壁第一層第九龕。

圖 783　璧組積光佛母

圖 784 十臂積光佛母

Daśabhuja-Mārīcī

通高 13.3 公分，底座寬 11 公分。

F6Sf：71（故 199893 71/122）

佛母為五面十臂。五面分兩層：上層一面，二
目，寂靜相，在葫蘆形髮髻中；下層四面。每
面各三目，頭戴五葉冠，嗔怒相，其中朝左的
一面為豬面。赤裸全身，肩披帛帶，腰束虎皮
裙，佩飾耳璫、項鍊、臂釧、手鐲、腳鐲。左
元手於腹前托日輪，右元手於胸前托日輪。左
副手自上而下分別持弓、線、羂索、施期克印，
右副手自上而下分別持金剛杵、箭、金剛鉤、
針。展左立，雙足下各踩一人，左足下之人仰
臥，右足下之人俯臥。人下為橢圓形單層覆蓮
座，蓮座上面刻「十臂積光佛母」名稱。蓮座
置於七隻小豬牽引的雙輪車上，車前底板上刻
「大清乾隆年敬造」。供於東壁第一層第十龕。

圖 784 十臂積光佛母

圖 785 四臂準提佛母

Caturbhuja-Cundā

通高 13.5 公分，底座寬 11.1 公分。

F6Sf：72（故 199893 72/122）

佛母為一面四臂。頭戴五葉冠，葫蘆形髮髻，
耳後有束髮繒帶，寂靜相。袒露上身，肩披帛
帶，胸前斜披絡腋，下身著裙，佩飾耳璫、項
鍊、臂釧、手鐲、腳鐲。左右元手於腹前施禪
定印，掌心上托缽；左右副手各執蓮花莖，蓮
花各置於雙肩，花心上分別托經卷。半跏趺坐
在圓邊三角形覆蓮底座上，底座正面下沿刻「四
臂準提佛母」名稱。供於東壁第一層第十一龕。

圖 785 四臂準提佛母

圖 786　二臂一髻佛母

圖 787　除惡趣救度佛母

圖 786　二臂一髻佛母
Dvibhuja-Ekajaṭā

通高 13.5 公分，底座寬 11.1 公分。

F6Sf：73（故 199893 73/122）

佛母為一面二臂。頭戴五葉冠，高髮髻，耳後
有束髮繒帶，寂靜相。袒露上身，肩披帛帶，
胸前斜披絡腋，下身著裙，佩飾耳璫、項鍊、
臂釧、手鐲、腳鐲。左手持嘎巴拉碗，右手持
鉞刀。半跏趺坐在圓邊三角形覆蓮底座上，底
座正面下沿刻「二臂一髻佛母」名稱。供於東
壁第一層第十二龕。

圖 787　除惡趣救度佛母
Durgottāriṇī-Tārā

通高 13.3 公分，底座寬 11.2 公分。

F6Sf：74（故 199893 74/122）

佛母為一面四臂。頭戴五葉冠，葫蘆形髮髻，
耳後有束髮繒帶，寂靜相。袒露上身，肩披帛
帶，胸前斜披絡腋，下身著裙，佩飾耳璫、項
鍊、臂釧、手鐲、腳鐲。左元手執蓮花莖，蓮
花置於左肩；右元手施與願印。左副手持羂索，
右副手持長柄金剛交杵。半跏趺坐在圓邊三角
形覆蓮底座上，底座正面下沿刻「除惡趣救度
佛母」名稱。供於東壁第一層第十三龕。

圖 788　威嚴母　　　　　　　　　　　　　　圖 789　嘛呼嘎嘛西母

圖 788　威嚴母

Tejomasī

通高 16.1 公分，底座寬 13.4 公分。

F6Sf：75（故 199893 75/122）

佛母為一面二臂。頭戴五葉冠，高髮髻，耳後有束髮繒帶，寂靜相。袒露上身，肩披帛帶，下身著裙，佩飾耳璫、項鍊、臂釧、手鐲、腳鐲。左手持弓，右手持箭。右舒坐在圓邊三角形覆蓮底座上，底座正面下沿刻「威嚴母」名稱。供於東壁第二層第一龕。

圖 789　嘛呼嘎嘛西母

Markamasī

通高 16.1 公分，底座寬 13.5 公分。

F6Sf：76（故 199893 76/122）

佛母為一面二臂。頭戴五葉冠，高髮髻，耳後有束髮繒帶，寂靜相。袒露上身，肩披帛帶，下身著裙，佩飾耳璫、項鍊、臂釧、手鐲、腳鐲。左手持蓮花，右手持羂索。右舒坐在圓邊三角形覆蓮底座上，底座正面下沿刻「嘛呼嘎嘛西母」名稱。供於東壁第二層第二龕。

圖 790　阿呼嘎嘛西母

Arkamasī

通高 16.8 公分，底座寬 13.2 公分。

F6Sf：77（故 199893 77/122）

佛母為一面二臂。頭戴五葉冠，高髮髻，耳後
有束髮繒帶，寂靜相。袒露上身，肩披帛帶，
下身著裙，佩飾耳璫、項鍊、臂釧、手鐲、腳鐲。
左手持線，右手持針。右舒坐在圓邊三角形覆
蓮底座上，底座正面下沿刻「阿呼嘎嘛西母」
名稱。供於東壁第二層第三龕。

圖 791　月光母

Udayamasī

通高 15.5 公分，底座寬 13.1 公分。

F6Sf：78（故 199893 78/122）

佛母為一面二臂。頭戴五葉冠，高髮髻，耳後
有束髮繒帶，寂靜相。袒露上身，肩披帛帶，
下身著裙，佩飾耳璫、項鍊、臂釧、手鐲、腳鐲。
左手施與願印，右手施無畏印。右舒坐在圓邊
三角形覆蓮底座上，底座正面下沿刻「月光母」
名稱。供於東壁第二層第四龕。

圖 792　施勝佛母

Jayadā

通高 16.6 公分，底座寬 13.7 公分。

F6Sf：79（故 199893 79/122）

佛母為一面四臂。頭戴五葉冠，高髮髻，耳後
有束髮繒帶，寂靜相。袒露上身，肩披帛帶，
胸前斜披絡腋，下身著裙，佩飾耳璫、項鍊、
臂釧、手鐲、腳鐲。左右元手於胸前各施說法
印；左副手持蓮花，右副手施與願印。全跏趺
坐在圓邊三角形覆蓮底座上，底座正面下沿刻
「施勝佛母」名稱。供於東壁第二層第五龕。

圖 790　阿呼嘎嘛西母

圖 791　月光母

圖 792　施勝佛母

圖 793　三面六臂白救度佛母

Trimukhaṣaḍbhuja-sita-Tārā

通高 16.2 公分，底座寬 13.4 公分。

F6Sf：80（故 199893 80/122）

佛母為三面六臂。每面各三目，頭戴五葉冠，
葫蘆形髮髻，寂靜相。袒露上身，肩披帛帶，
胸前斜披絡腋，下身著裙，佩飾耳璫、項鍊、
臂釧、手鐲、腳鐲。左元手於胸前施說法印，
並執蓮花莖，蓮花置於左肩；右元手施與願印。
左副手自上而下分別持蓮花、弓，右副手自上
而下分別持念珠、箭。右舒坐在圓邊三角形覆
蓮底座上，底座正面下沿刻「三面六臂白救度
佛母」名稱。供於東壁第二層第六龕。

圖 793　三面六臂白救度佛母

圖794　四臂如意輪救度佛母

Caturbhuja-Cintāmaṇicakra-Tārā

通高 16.9 公分，底座寬 13.6 公分。

F6Sf：81（故 199893 81/122）

佛母為一面三目四臂。頭戴骷髏冠，赤髮高聳，耳後有束髮繒帶，忿怒相。赤裸全身，肩披帛帶，腰束虎皮裙，佩飾耳璫、項鍊、臂釧、手鐲、腳鐲。左元手捧嘎巴拉碗，右元手持鉞刀；左副手施無畏印，右副手高舉寶劍。展左立於橢圓形覆蓮底座上，底座正面下沿刻「四臂如意輪救度佛母」名稱。供於東壁第二層第七龕。

圖795　八臂金剛救度佛母

Aṣṭabhuja-Vajratārā

通高 16.2 公分，底座寬 13.1 公分。

F6Sf：82（故 199893 82/122）

佛母為四面八臂。每面各三目，頭戴五葉冠，高髮髻，耳後有束髮繒帶，寂靜相。袒露上身，肩披帛帶，胸前斜披絡腋，下身著裙，佩飾耳璫、項鍊、臂釧、手鐲、腳鐲。左元手施說法印，並執蓮花莖，蓮花置於左肩；右元手施與願印。左副手自上而下分別持弓、鉞刀、羂索，右副手自上而下分別持金剛杵、箭、海螺。全跏趺坐在圓邊三角形覆蓮底座上，底座正面下沿刻「八臂金剛救度佛母」名稱。供於東壁第二層第八龕。

圖794　四臂如意輪救度佛母

圖795　八臂金剛救度佛母

圖 796　震旦救度佛母

Cīna-Tārā

通高 16.5 公分，底座寬 13.2 公分。

F6Sf：83（故 199893 83/122）

佛母為一面四臂。頭戴五葉冠，葫蘆形髮髻，耳後有束髮繒帶，寂靜相。袒露上身，肩披帛帶，胸前斜披絡腋，下身著裙，佩飾耳璫，項鍊、臂釧、手鐲、腳鐲。左右元手於胸前施手印。左副手施說法印，並執蓮花莖，蓮花置於左肩；右副手施與願印。全跏趺坐在圓邊三角形覆蓮底座上，底座正面下沿刻「震旦救度佛母」名稱。供於東壁第二層第九龕。

圖 797　真實名文殊菩薩

Nāmasaṅgīti-Mañjuśrī

通高 16.3 公分，底座寬 13.4 公分。

F6Sf：84（故 199893 84/122）

菩薩為三面六臂。頭戴五葉冠，葫蘆形髮髻，耳後有束髮繒帶，寂靜相。袒露上身，肩披帛帶，胸前斜披絡腋，下身著裙，佩飾耳璫、項鍊、臂釧、手鐲、腳鐲。左元手於胸前捧經卷，右元手施與願印；左副手自上而下分別持蓮花、弓，右副手自上而下分別持寶劍、箭。全跏趺坐在圓邊三角形覆蓮底座上，底座正面下沿刻「真實名文殊菩薩」名稱。供於東壁第二層第十龕。

圖 796　震旦救度佛母

圖 797　真實名文殊菩薩

圖 798　蜂音文殊菩薩
Bhramarasvara-Mañjuśrī

通高 16.4 公分，底座寬 13.3 公分，

F6Sf：85（故 199893 85/122）

菩薩為三面四臂。頭戴五葉冠，葫蘆形髮髻，
耳後有束髮繒帶，寂靜相。袒露上身，肩披帛
帶，胸前斜披絡腋，下身著裙，佩飾耳璫、項
鍊、臂釧、手鐲、腳鐲。左手自上而下分別捧
經卷、持弓，右手自上而下分別持寶劍、箭。
全跏趺坐在圓邊三角形覆蓮底座上，底座正面
下沿刻「蜂音文殊菩薩」名稱。供於東壁第二
層第十一龕。

圖 799　遊戲王文殊菩薩
Rajālīla-Mañjuśrī

通高 16.1 公分，底座寬 13.1 公分。

F6Sf：86（故 199893 86/122）

菩薩為一面二臂。頭戴五葉冠，葫蘆形髮髻，
耳後有束髮繒帶，寂靜相。袒露上身，肩披帛
帶，胸前斜披絡腋，下身著裙，佩飾耳璫、項
鍊、臂釧、手鐲、腳鐲。左手施說法印，並執
蓮花莖，蓮花置於左肩；右手撫於右腿上施安
慰印。左舒坐在圓邊三角形覆蓮底座上，底座
正面下沿刻「遊戲王文殊菩薩」名稱。供於東
壁第二層第十二龕。

圖 798　蜂音文殊菩薩

圖 799　遊戲王文殊菩薩

圖 800　婆夷羅藥乂〔叉〕大將　　　　　　　　　　圖 801　因陀羅藥乂〔叉〕大將

圖 800　婆夷羅藥乂〔叉〕大將

Pāyila

通高 19.5 公分，底座寬 16 公分。

F6Sf：87（故 199893 87/122）

大將為一面二臂。頭戴五葉冠，高髮髻，耳後
有束髮繒帶，濃眉大眼，連腮鬍鬚，嗔怒相。
袒露上身，肩披帛帶，胸前斜披絡腋，下身著
裙，佩飾耳璫、項鍊、臂釧、手鐲、腳鐲。左
手托吐寶鼠，右手持劍。右舒坐在圓邊三角形
覆蓮底座上，底座正面下沿刻「婆夷羅藥乂大
將」名稱。供於東壁第三層第一龕。

圖 801　因陀羅藥乂〔叉〕大將

Indala

通高 19.1 公分，底座寬 16.1 公分。

F6Sf：88（故 199893 88/122）

大將為一面二臂。頭戴五葉冠，高髮髻，耳後
有束髮繒帶，濃眉大眼，連腮鬍鬚，嗔怒相。
袒露上身，肩披帛帶，胸前斜披絡腋，下身著
裙，佩飾耳璫、項鍊、臂釧、手鐲、腳鐲。左
手托吐寶鼠，右手持劍。右舒坐在圓邊三角形
覆蓮底座上，底座正面下沿刻「因陀羅藥乂大
將」名稱。供於東壁第三層第二龕。

圖 802　娑你羅藥乂〔叉〕大將　　　　　　　　圖 803　末你羅藥乂〔叉〕大將

圖 802　娑你羅藥乂〔叉〕大將
Saṇṭhila

通高 19.1 公分，底座寬 16.2 公分。

F6Sf：89（故 199893 89/122）

大將為一面二臂。頭戴五葉冠，高髮髻，耳後
有束髮繒帶，濃眉大眼，連腮鬍鬚，嗔怒相。
袒露上身，肩披帛帶，胸前斜披絡腋，下身著
裙，佩飾耳璫、項鍊、臂釧、手鐲、腳鐲。左
手托吐寶鼠，右手舉寶劍。右舒坐在圓邊三角
形覆蓮底座上，底座正面下沿刻「娑你羅藥乂
大將」名稱。供於東壁第三層第三龕。

圖 803　末你羅藥乂〔叉〕大將
Manila

通高 19.3 公分，底座寬 16.1 公分。

F6Sf：90（故 199893 90/122）

大將為一面二臂。頭戴五葉冠，高髮髻，耳後
有束髮繒帶，濃眉大眼，連腮鬍鬚，嗔怒相。
袒露上身，肩披帛帶，胸前斜披絡腋，下身著
裙，佩飾耳璫、項鍊、臂釧、手鐲、腳鐲。左
手托吐寶鼠，右手持三尖叉。右舒坐在圓邊三
角形覆蓮底座上，底座正面下沿刻「末你羅藥
乂大將」名稱。供於東壁第三層第四龕。

圖 804　紫竹林救度佛母

Khadiravaṇī-Tārā

通高 19.1 公分，底座寬 16.1 公分。

F6Sf：91（故 199893 91/122）

佛母為一面二臂。頭戴五葉冠，高髮髻，耳後
有束髮繪帶，寂靜相。袒露上身，肩披帛帶，
胸前斜披絡腋，下身著裙，佩飾耳璫、項鍊、
臂釧、手鐲、腳鐲。左手施期克印，並執蓮花
莖，蓮花置於左肩；右手施與願印，亦執蓮花
莖，蓮花置於右肩。右舒坐，右足下踏小蓮花
座。圓邊三角形覆蓮底座，底座正面下沿刻「紫
竹林救度佛母」名稱。供於東壁第三層第五龕。

圖 804　紫竹林救度佛母

圖 805　速勇救度佛母

Pravīra-Tārā

通高 19.1 公分，底座寬 16 公分。

F6Sf：92（故 199893 92/122）

佛母為一面八臂。頭戴五葉冠，葫蘆形髮髻，
耳後有束髮繒帶，寂靜相。袒露上身，肩披帛
帶，胸前斜披絡腋，下身著裙，佩飾耳璫、項
鍊、臂釧、手鐲、腳鐲。左元手持羂索，右元
手持寶劍。最上一對左右副手上舉，各持一金
剛杵，並相交於頭頂。其餘左副手自上而下分
別持弓、海螺，右副手自上而下分別持箭、法
輪。全跏趺坐在圓邊三角形覆蓮底座上，底座
正面下沿刻「速勇救度佛母」名稱。供於東壁
第三層第六龕。

圖 806　黃布祿金剛

Pīta-Jambhalavajra

通高 18.8 公分，底座寬 15.9 公分。

F6Sf：93（故 199893 93/122）

金剛為一面二臂。頭戴五葉冠，高髮髻，耳後
有束髮繒帶，濃眉大眼，連腮鬍鬚，嗔怒相。
袒露上身，肩披帛帶，胸前斜披絡腋，下身著
裙，佩飾耳璫、項鍊、臂釧、手鐲、腳鐲。左
手托吐寶鼠，右手持桃。右舒坐，足下踩海螺、
寶瓶。圓邊三角形覆蓮底座，底座正面下沿刻
「黃布祿金剛」名稱。供於東壁第三層第七龕。

圖 805　速勇救度佛母

圖 806　黃布祿金剛

543

圖 807　忿怒威積佛母

Khro mo sme brtsegs

通高 20 公分，底座寬 16.1 公分。

F6Sf：94（故 199893 94/122）

佛母為一面三目二臂。頭戴五葉冠，赤髮高聳，
耳後有束髮繒帶，忿怒相。身著右衽長袍，佩
飾耳璫，雙手胸前捧髏寶瓶。站立於橢圓形覆
蓮底座上，底座正面下沿刻「忿怒威積佛母」
名稱。供於東壁第三層第八龕。

圖 807　忿怒威積佛母

544

圖 808　摧碎金剛

Vajravidāraṇa

通高 19.6 公分，底座寬 15.9 公分。

F6Sf：95（故 199893 95/122）

金剛為一面二臂。頭戴五葉冠，葫蘆形髮髻，
耳後有束髮繒帶，寂靜相。袒露上身，肩披帛
帶，胸前斜披絡腋，下身著裙，佩飾耳璫、項
鍊、臂釧、手鐲、腳鐲。左手持金剛鈴，右手
托金剛交杵。全跏趺坐在圓邊三角形覆蓮底座
上，底座正面下沿刻「摧碎金剛」名稱。供於
東壁第三層第九龕。

圖 809　永財佛母

Dhanad

通高 19 公分，底座寬 15.9 公分。

F6Sf：96（故 199893 96/122）

佛母為一面二臂。頭戴五葉冠，高髮髻，耳後
有束髮繒帶，寂靜相。袒露上身，肩披帛帶，
胸前斜披絡腋，下身著裙，佩飾耳璫、項鍊、
臂釧、手鐲、腳鐲。左手執一把草根，草置於
左肩；右手持桃。全跏趺坐在圓邊三角形覆蓮
底座上，底座正面下沿刻「永財佛母」名稱。
供於西壁第三層第十龕。

圖 808　摧碎金剛

圖 809　永財佛母

545

圖 810 尊勝佛母

Uṣṇīṣavijayā

通高 19.4 公分，底座寬 15.8 公分。

F6Sf：97（故 199893 97/122）

佛母為三面八臂。每面各三目，頭戴五葉冠，
胡盧形髮髻，寂靜相。袒露上身，肩披帛帶，
胸前斜披絡腋，下身著裙。佩飾耳璫，項鍊、
臂釧、手鐲、腳鐲。左元手持羂索，右元手托
金剛交杵。左副手自上而下分別施無畏印、持
弓、托寶瓶，其中最上方的左副手的手心還有
一目；右副手自上而下分別托一化佛、持箭、
施與願印。全跏趺坐在圓邊三角形覆蓮底座上，
底座正面下沿刻「尊勝佛母」名稱。供於東壁
第三層第十一龕。

圖 810　尊勝佛母

圖 811　毗羯羅藥乂〔叉〕大將
Vikala

通高 15.9 公分，底座寬 13.4 公分。

F6Sf：98（故 199893 98/122）

大將為一面二臂。頭戴五葉冠，高髮髻，耳後
有束髮繒帶，濃眉大眼，連腮鬍鬚，嗔怒相。
祖露上身，肩披帛帶，胸前斜披絡腋，下身著
裙，佩飾耳璫、項鍊、臂釧、手鐲、腳鐲。左
手托吐寶鼠，右手持法輪。右舒坐在圓邊三角
形覆蓮底座上，底座正面下沿刻「毗羯羅藥乂
大將」名稱。供於東壁第四層第一龕。

圖 812　朱杜羅藥乂〔叉〕大將
Caundhula

通高 15.4 公分，底座寬 13.4 公分。

「GSf：99（故 199893 99/122）

大將為一面二臂。頭戴五葉冠，高髮髻，耳後
有束髮繒帶，濃眉大眼，連腮鬍鬚，嗔怒相。
祖露上身，肩披帛帶，胸前斜披絡腋，下身著
裙，佩飾耳璫、項鍊、臂釧、手鐲、腳鐲。左
手托吐寶鼠，右手持劍。右舒坐在圓邊三角形
覆蓮底座上，底座正面下沿刻「朱杜羅藥乂大
將」名稱。供於東壁第四層第二龕。

圖 811　毗羯羅藥乂〔叉〕大將

圖 812　朱杜羅藥乂〔叉〕大將

圖 813　真達羅藥义〔叉〕大將

Cidāla

通高 16.3 公分，底座寬 13.5 公分。

F6Sf：100（故 199893 100/122）

大將為一面二臂。頭戴五葉冠，高髮髻，耳後
有束髮繒帶，濃肩人眼，連腮鬍鬚，噴怒相。
袒露上身，肩披帛帶，胸前斜披絡腋，下身著
裙，佩飾耳璫、項鍊、臂釧、手鐲、腳鐲。左
手托吐寶鼠，右手持羂索。右舒坐在圓邊三角
形覆蓮底座上，底座正面下沿刻「真達羅藥义
大將」名稱。供於東壁第四層第三龕。

圖 814　薄呼羅藥义〔叉〕大將

Mahāla

底座寬 13.5 公分，通高 15.7 公分。

F6Sf：101（故 199893 101/122）

大將為一面二臂。頭戴五葉冠，高髮髻，耳後
有束髮繒帶，濃眉大眼，連腮鬍鬚，噴怒相。
袒露上身，肩披帛帶，胸前斜披絡腋，下身著
裙，佩飾耳璫、項鍊、臂釧、手鐲、腳鐲。左
手托吐寶鼠，右手持鉞斧。右舒坐在圓邊三角
形覆蓮底座上，底座正面下沿刻「薄呼羅藥义
大將」名稱。供於東壁第四層第四龕。

圖 813　真達羅藥义〔叉〕大將

圖 814　薄呼羅藥义〔叉〕大將

圖 815　除魔金剛
Vighnāntakavajra

通高 17 公分，底座寬 13.5 公分。

F6Sf：102（故 199893 102/122）

金剛為一面三目二臂。頭戴骷髏冠，赤髮高聳，耳後有束髮繒帶，忿怒相。赤裸全身，肩披帛帶，腰束虎皮裙，佩飾耳璫、項鍊、臂釧、手鐲、腳鐲。左手施期克印，右手高舉金剛杵。展左立於橢圓形覆蓮底座上，底座正面下沿刻「除魔金剛」名稱。供於東壁第四層第五龕。

圖 816　大力金剛
Vahābalavajra

通高 16.4 公分，底座寬 13.5 公分。

F6Sf：103（故 199893 103/122）

金剛為一面三目四臂。頭戴骷髏冠，赤髮高聳，耳後有束髮繒帶，忿怒相。赤裸全身，肩披帛帶，腰束虎皮裙，佩飾耳璫、項鍊、臂釧、手鐲、腳鐲。左元手於胸前施期克印，右元手持拂塵；左副手持羂索，右副手施期克印。展左立於橢圓形覆蓮底座上，底座正面下沿刻「大力金剛」名稱。供於東壁第四層第六龕。

圖 815　除魔金剛

圖 816　大力金剛

圖 817　白文殊菩薩

Sita-Mañjuśrī

通高 16.4 公分，底座寬 13.4 公分。

F6Sf：104（故 199893 104/122）

菩薩為一面二臂。頭戴五葉冠，葫蘆形髮髻，耳後有束髮繒帶，寂靜相。袒露上身，肩披帛帶，胸前斜披絡腋，下身著裙，佩飾耳璫、項鍊、臂釧、手鐲、腳鐲。左手持三尖叉，右手持念珠。全跏趺坐在圓邊三角形覆蓮底座上，底座正面下沿刻「白文殊菩薩」名稱。供於東壁第四層第七龕。

圖 818　除毒佛母

Jāṅgulī-Tārā

通高 16.8 公分，底座寬 13.6 公分。

F6Sf：105（故 199893 105/122）

佛母為一面二臂。頭戴五葉冠，葫蘆形髮髻，耳後有束髮繒帶，寂靜相。袒露上身，肩披帛帶，胸前斜披絡腋，下身著裙，佩飾耳璫、項鍊、臂釧、手鐲、腳鐲。左手施說法印並執蓮花枝，蓮花置於左肩，花心上托梵篋；右手施與願印並執蓮花枝，蓮花置於右肩，花心上托寶劍。全跏趺坐在圓邊三角形覆蓮底座上，底座正面下沿刻「除毒佛母」名稱。供於東壁第四層第八龕。

圖 819　十六臂觀世音菩薩

Ṣoḍaśabhuja-Avalokiteśvara

通高 16.6 公分，底座寬 13.5 公分。

F6Sf：106（故 199893 106/122）

菩薩為一面十六臂。頭戴五葉冠，葫蘆形髮髻，耳後有束髮繒帶，寂靜相。袒露上身，肩披帛帶，胸前斜披絡腋，下身著裙，佩飾耳璫、項鍊、臂釧、手鐲、腳鐲。左右元手於胸施菩提印。左副手自上而下分別持三尖叉、金剛橛、金剛杵、蓮花、海螺、梵篋，右副手自上而下分別持寶劍、傘、經卷、金剛杵、蓮花、法輪；最下一對左右副手於腹前施禪定印，掌心上托五葉冠。全跏趺坐在圓邊三角形覆蓮底座上，底座正面下沿刻「十六臂觀世音菩薩」名稱。供於東壁第四層第九龕。

圖 817　白文殊菩薩

圖 818　除毒佛母

圖 819　十六臂觀世音菩薩

551

圖 820　隨求佛母

Pratisarā

通高 16.7 公分，底座寬 13.3 公分。

F6Sf：107（故 199893 107/122）

佛母為一面二臂。頭戴五葉冠，葫蘆形髮髻，耳後有束髮繒帶，寂靜相。袒露上身，肩披帛帶，胸前斜披絡腋，下身著裙，佩飾耳璫、項鍊、臂釧、手鐲、腳鐲。左手捧法輪，右手舉寶劍。左舒坐在圓邊三角形覆蓮底座上，底座正面下沿刻「隨求佛母」名稱。供於東壁第四層第十龕。

圖 820　隨求佛母

圖 821　無量壽佛

Amitāyus

通高 16.9 公分，底座寬 13.3 公分。

F6Sf：108（故 199893 108/122）

佛為一面二臂。頭戴五葉冠，葫蘆形髮髻，耳後有束髮繒帶，寂靜相。袒露上身，肩披帛帶，胸前斜披絡腋，下身著裙，佩飾耳璫、項鍊、臂釧、手鐲、腳鐲。雙手於腹前施禪定印，掌心上托寶瓶。全跏趺坐在圓邊三角形覆蓮底座上，底座正面下沿刻「無量壽佛」名稱。供於東壁第四層第十一龕。

圖 822　白救度佛母

Sita-Tārā

通高 16.6 公分，底座寬 13.5 公分。

F6Sf：109（故 199893 109/122）

佛母為一面二臂。頭戴五葉冠，高髮髻，耳後有束髮繒帶，寂靜相。袒露上身，肩披帛帶，胸前斜披絡腋，下身著裙，佩飾耳璫、項鍊、臂釧、手鐲、腳鐲。左手施說法印，並執蓮花莖，蓮花置於左肩；右手施與願印，亦執蓮花莖，蓮花置於右肩。半跏趺坐在圓邊三角形覆蓮底座上，底座正面下沿刻「白救度佛母」名稱。供於東壁第四層第十二龕。

圖 821　無量壽佛

圖 822　白救度佛母

圖 823　金剛大寶母　　　　　　　　　　　　　　圖 824　鐵鎖母

圖 823　金剛大寶母

Vanamasī

通高 12.6 公分，底座寬 10.9 公分。

F6Sf：110（故 199893 110/122）

佛母为一面二臂。頭戴五葉冠，高髮髻，耳後
有束髮繒帶，寂靜相。袒露上身，肩披帛帶，
下身著裙，佩飾耳璫、項鍊、臂釧、手鐲、腳鐲。
左手持念珠，右手托金剛交杵。右舒坐在圓邊
三角形覆蓮底座上，底座正面下沿刻「金剛大
寶母」名稱。供於東壁第五層第一龕。

圖 824　鐵鎖母

Cīvaramasī

通高 13.3 公分，底座寬 11.2 公分。

F6Sf：111（故 199893 111/122）

佛母为一面二臂。頭戴五葉冠，高髮髻，耳後
有束髮繒帶，寂靜相。袒露上身，肩披帛帶，
下身著裙，佩飾耳璫、項鍊、臂釧、手鐲、腳鐲。
左手持念珠，右手持金剛杵。右舒坐在圓邊三
角形覆蓮底座上，底座正面下沿刻「鐵鎖母」
名稱。供於東壁第五層第二龕。

圖 025　無能勝母

圖 826　大急忿母

圖 825　無能勝母
Gulmamasi

通高 13.1 公分，底座寬 11 公分。

F6Sf：112（故 199893 112/122）

佛母為一面二臂。頭戴五葉冠，高髮髻，耳後
有束髮繒帶，寂靜相。袒露上身，肩披帛帶，
下身著裙，佩飾耳璫、項鍊、臂釧、手鐲、腳鐲。
左手持金剛棒，右手持金剛杵。右舒坐在圓邊
三角形覆蓮底座上，底座正面下沿刻「無能勝
母」名稱。供於東壁第五層第三龕。

圖 826　大急忿母
Ugramasī

通高 13.2 公分，底座寬 11.2 公分。

F6Sf：113（故 199893 113/122）

佛母為一面二臂。頭戴五葉冠，高髮髻，耳後
有束髮繒帶，寂靜相。袒露上身，肩披帛帶，
下身著裙，佩飾耳璫、項鍊、臂釧、手鐲、腳
鐲。左手置於左腿上，掌心朝上，施期克印；
右手托寶瓶。右舒坐在圓邊三角形覆蓮底座上，
底座正面下沿刻「大急忿母」名稱。供於東壁
第五層第四龕。

圖827　二臂法界妙音佛

Dvibhuja-Dharmadhātuvāgīśvara

通高 13.3 公分，底座寬 11.1 公分。

F6Sf：114（故 199893 114/122）

佛為一面二臂。頭戴五葉冠，葫蘆形髮髻，耳後有束髮繒帶，寂靜相。袒露上身，肩披帛帶，胸前斜披絡腋，下身著裙，佩飾耳璫、項鍊、臂釧、手鐲、腳鐲。雙手施禪定印。全跏趺坐在圓邊三角形覆蓮底座上，底座正面下沿刻「二臂法界妙音佛」名稱。供於東壁第五層第五龕。

圖828　無支金剛菩薩

Anaṅgavajra

通高 13.4 公分，底座寬 11.1 公分。

F6Sf：115（故 199893 115/122）

菩薩為一面六臂。頭戴五葉冠，葫蘆形髮髻，耳後有束髮繒帶，寂靜相。袒露上身，肩披帛帶，下身著裙，佩飾耳璫、項鍊、臂釧、手鐲、腳鐲。左右元手於胸前彎弓搭箭；兩隻左副手各持一蓮花，右副手自上而下分別持寶劍、圓鏡。右舒坐在圓邊三角形覆蓮底座上，底座正面下沿刻「無支金剛菩薩」名稱。供於東壁第五層第六龕。

圖829　功德語王菩薩

Śri-Vaḍīrat

通高 13.3 公分，底座寬 11 公分。

F6Sf：116（故 199893 116/122）

菩薩為一面十二臂。頭戴五葉冠，葫蘆形髮髻，耳後有束髮繒帶，寂靜相。袒露上身，肩披帛帶，下身著裙，佩飾耳璫、項鍊、臂釧、手鐲、腳鐲。左元手施說法印，右元手施期克印；左副手自上而下分別持山石、三尖叉、奔巴壺、弓、羂索；右副手自上而下分別施期克印並持念珠、持寶珠、寶劍、三角火爐、花葉。直立於橢圓形覆蓮底座上，底座正面下沿刻「功德語王菩薩」名稱。供於東壁第五層第七龕。

圖 827　二臂法界妙音佛

圖 828　無支金剛菩薩

圖 829　功德語王菩薩

圖 830　不空羂索自在觀世音菩薩

Amoghapaśa-Avalokiteśvara

通高 13.8 公分，底座寬 11 公分。

F6Sf：117（故 199893 117/122）

菩薩為一面二臂。頭戴五葉冠，葫蘆形髮髻，
耳後有束髮繒帶，寂靜相。袒露上身，肩披帛
帶，胸前斜披絡腋，下身著裙，佩飾耳璫、項
鍊、臂釧、手鐲、腳鐲。雙手於胸前施說法印，
並各執一蓮花莖，蓮花分置於雙肩，左肩蓮花
花心上托梵篋，右肩蓮花花心上托寶劍。全跏
趺坐於獅背上，獅下為橢圓形覆蓮底座，底座
正面下沿刻「不空羂索自在觀世音菩薩」名稱。
供於東壁第五層第八龕。

圖 830　不空羂索自在觀世音菩薩

圖 831　黑五面十二臂觀世音菩薩

Pañcamukhadvādaśabhuja-kṛṣṇa Avalokiteśvara

通高 13.4 公分，底座寬 10.9 公分。

F6Sf：118（故 199893 118/122）

菩薩為五面十二臂。每面各三目，頭戴骷髏冠，
赤髮高聳，忿怒相。赤裸全身，腰束虎皮裙，
佩飾耳璫、人頭項鬘、臂釧、手鐲、腳鐲。左
元手持弓，右元手持念珠；左副手自上而下分
別持箭、嘎巴拉碗、蓮花、摩尼寶、法輪；右
副手自上而下分別持嘎巴拉鼓、三尖叉、鐵鉤、
羂索、金剛杵。展左立於橢圓形覆蓮底座上，
底座正面下沿刻「黑五面十二臂觀世音菩薩」
名稱。供於束壁第五層第九龕。

圖 831　黑五面十二臂觀世音菩薩

圖 832　青頂〔項〕自在觀世音菩薩

Nīlakanṭha-Īśvara-Avalokiteśvara

通高 13.2 公分，底座寬 11.3 公分。

F6Sf：119（故 199893 119/122）

菩薩為一面二臂。頭戴五葉冠，葫蘆形髮髻，耳後有束髮繒帶，寂靜相。袒露上身，肩披帛帶，胸前斜披絡腋，下身著裙，佩飾耳璫、項鍊、臂釧、手鐲、腳鐲。雙手於腹前施禪定印，掌心上托嘎巴拉碗。全跏趺坐在圓邊三角形覆蓮底座上，底座正面下沿刻「青頂自在觀世音菩薩」名稱。供於東壁第五層第十龕。

圖 833　紅四臂觀世音菩薩

Caturbhuja-rakta-Avalokiteśvara

通高 13.1 公分，底座寬 11.1 公分。

F6Sf：120（故 199893 120/122）

菩薩為一面四臂。頭戴五葉冠，葫蘆形髮髻，耳後有束髮繒帶，寂靜相。袒露上身，肩披帛帶，胸前斜披絡腋，下身著裙，佩飾耳璫、項鍊、臂釧、手鐲、腳鐲。左元手持弓，右元手持鐵鉤；左副手持箭，右副手持羂索。全跏趺坐在圓邊三角形覆蓮底座上，底座正面下沿刻「紅四臂觀世音菩薩」名稱。供於東壁第五層第十一龕。

圖 834　權衡三界觀世音菩薩

Trailokyavaśaṃkara-Avalokiteśvara

通高 13.7 公分，底座寬 11.1 公分。

F6Sf：121（故 199893 121/122）

菩薩為一面二臂。頭戴五葉冠，葫蘆形髮髻，耳後有束髮繒帶，寂靜相。袒露上身，肩披帛帶，胸前斜披絡腋，下身著裙，佩飾耳璫、項鍊、臂釧、手鐲、腳鐲。左手持金剛鉤，右手持羂索。全跏趺坐在圓邊三角形覆蓮底座上，底座正面下沿刻「權衡三界觀世音菩薩」名稱。供於東壁第五層第十二龕。

圖 832　青頂〔項〕自在觀世音菩薩

圖 833　紅四臂觀世音菩薩

圖834　權衡三界觀世音菩薩

圖 835　騎吼自在觀世音菩薩

Halāhala

通高 13.5 公分，底座寬 11.2 公分。

F6Sf：122（故 199893 122/122）

菩薩為一面六臂。頭戴五葉冠，葫蘆形髮髻，
耳後有束髮繒帶，寂靜相。袒露上身，肩披帛
帶，胸前斜披絡腋，下身著裙，佩飾耳璫、瓔
鍊、臂釧、手鐲、腳鐲。左元手於腹前施禪定
印，掌心上托奔巴壺；右元手撫 頭。左副手自
上而下分別持骷髏杖、捧羊皮；右副手自上而
下分別為空手掌心朝上、持念珠。半跏趺坐在
背上。 下為橢圓形覆蓮底座，底座正面下沿刻
「騎吼自在觀世音菩薩」名稱。供於東壁第五
層第十三龕。

圖 835-1　騎吼自在觀世音菩薩

▶ 圖 835-2　騎吼自在觀世音菩薩

六室樓下佛像

樓下銅掐絲琺瑯塔中供奉銅佛一尊。另銅佛五
尊供於樓下供桌上。

圖 836　尊勝佛母

通高 18 公分，底座寬 15 公分。

F6XF：1（故 200017 2/2）

佛母為黃銅鑄造，通體鎏金，頭髮用顏料染成
藍色。三面八臂。每面各三目，頭戴五葉冠，
葫蘆形髮髻，寂靜相。袒露上身，肩披帛帶，
下身著裙，佩飾耳璫、項鍊、臂釧、手鐲、腳鐲。
左元手持羂索，右元手托金剛交杵。左副手自
上而下分別施無畏印、持弓、托寶瓶，其中最
上方的左副手的手心還有一目；右副手自上而
下分別托一化佛、持箭、施與願印。全跏趺坐
在圓邊三角形仰覆蓮底座上。

圖 837　無量壽佛

通高 16.5 公分，底座寬 10.5 公分。

F6XF：2（故 199917）

佛為黃銅鑄造，通體鎏金，頭髮用顏料染成藍
色。一面二臂。頭戴五葉冠，葫蘆形髮髻，耳
後有束髮繪帶，寂靜相。袒露上身，肩披帛帶，
下身著裙，鑲嵌寶石。雙手施禪定印，掌心上
托寶瓶。全跏趺坐於圓邊三角形仰覆蓮底座上。
部分嵌石殘缺，鎏金有脫落。外罩黃錦佛衣，
佛衣上邊鑲紅、藍二色錦牙子，佛衣殘破。

圖 838　無量壽佛

通高 17 公分，底座寬 10 公分。

F6XF：3（故 199918）

佛為黃銅鑄造，通體鎏金，頭髮用顏料染成藍
色。一面二臂。頭戴五葉冠，葫蘆形髮髻，耳
後有束髮繪帶，寂靜相。袒露上身，肩披帛帶，
下身著裙，鑲嵌寶石。雙手施禪定印，掌心上
托寶瓶。全跏趺坐於圓邊三角形高束腰仰覆蓮
底座上。部分嵌石殘缺，鎏金有脫落。

圖 836　尊勝佛母

圖 837-1　無量壽佛

圖 837-1　無量壽佛

圖 838　無量壽佛

圖 839　無量壽佛

通高 86 公分，底座寬 39 公分。

F6XF：4（故 199919）

佛為紅銅鑄造，面部、五葉冠、帛帶等處鎏金，頭髮用顏料染成藍色。一面二臂。頭戴五葉冠，葫蘆形髮髻，耳後有束髮繒帶，寂靜相。袒露上身，肩披帛帶，帛帶繞過雙肩，雙臂後在兩腿兩側垂下又上卷，下身著裙，佩飾耳璫、項鍊、臂釧、手鐲、腳鐲。雙手胸前合十，掌心捧尖底佛缽。雙腿直立於半圓仰覆蓮底座上。外著分體織錦佛衣，上為天衣，下為長裙。佛衣殘破。

圖 839-1　無量壽佛

圖 839-2 無量壽佛

567

圖 840　無量壽佛

通高 17 公分，底座寬 11.5 公分。

F6XF：6（故 199921）

佛為黃銅鑄造，通體鎏金，頭髮用顏料染成藍色。
一面二臂。頭戴五葉冠，葫蘆形髮髻，耳後有束髮
繒帶，寂靜相。袒露上身，肩披帛帶，下身著裙。
五葉冠上及所佩飾的耳璫、項鍊、臂釧、手鐲、腳
鐲上均鑲嵌寶石。雙手施禪定印，掌心上托寶瓶，
全跏趺坐在圓邊三角形仰覆蓮底座上。部分嵌石殘
缺，鎏金有脫落。佛像上繫有黃條，黃條有破損，
上用墨筆書寫漢文：「噶勒丹希勒圖呼圖克圖　進無
量壽佛一尊。」

圖 840-1　無量壽佛—黃條　　　　　　　　　　　　　　圖 840-2　無量壽佛

圖 841　無量壽佛

通高 24.2 公分，底座寬 14 公分。

F6XF：5（故 199920）

佛為紅銅鑄造，面部、五葉冠、髮髻等處鎏金，頭髮用顏料染成藍色。一面二臂，頭戴五葉冠，葫蘆形髮髻，耳後有束髮繒帶，寂靜相。袒露上身，下身著裙，裙上裝飾錯金纏枝卷葉紋，佩飾耳璫、項鍊、臂釧、手鐲、腳鐲。雙手施禪定印，掌心上托寶瓶。全跏趺坐。身後有東北印度式鏤空背光，背光上飾以卷葉、鳳鳥、立獸等紋飾。身下為單層橢圓仰蓮底座，蓮座置於多層四方委角須彌座上，須彌座束腰處飾四瓣花鏤空圖案。佛像上繫有黃條，黃條有破損，上用墨筆書寫漢文：「達賴喇嘛□□勒罕遞丹書克　進扎什利瑪無量壽佛一尊。」

圖 841-1　無量壽佛─黃條

圖 841-2　無量壽佛

三　圖版索引

國家圖書館出版品預行編目資料

梵華樓藏寶・佛像（下）/ 故宮博物院 編.
初版. 臺北市：藝術家，2015.06
312面；18.5×24公分.

ISBN 978-986-282-155-8 (上冊：平裝)
ISBN 978-986-282-156-5 (下冊：平裝)

1.佛像　2.藏傳佛教　3.圖錄

224.6025　　　　　　　　　104010956

梵華樓藏寶 佛像〈下〉
Statues in the Sanctuary of Buddhist Essence

故宮博物院 編

撰　　稿　王家鵬、文明
拉丁轉寫　羅文華
繪　　圖　楊新成、趙叢山、莊立新
攝　　影　趙山、余寧川
圖片提供　故宮博物院資料信息中心

發 行 人　何政廣
主　　編　王庭玫
編　　輯　陳珮藝
美　　編　張紓嘉、吳心如
出 版 者　藝術家出版社
　　　　　台北市重慶南路一段 147 號 6 樓
　　　　　TEL：（02）2371-9692 ～ 3
　　　　　FAX：（02）2331-7096
郵政劃撥　01044798 藝術家雜誌社
總 經 銷　時報文化出版企業股份有限公司
　　　　　桃園縣龜山鄉萬壽路二段 351 號
　　　　　TEL：（02）2306-6842
南區代理　台南市西門路一段 223 巷 10 弄 26 號
　　　　　TEL：（06）261-7268
　　　　　FAX：（06）263-7698
製版印刷　欣佑彩色製版印刷股份有限公司
初　　版　2015 年 7 月
定　　價　新臺幣 460 元
I S B N　978-986-282-156-5